JN410927

산은 막히고 강은 흐른다

인지
생략

들꽃산문선 **6**

산은 막히고 강은 흐른다

2016년 03월 10일 초판인쇄
2016년 03월 18일 초판펴냄

지은이/서영선

펴낸이/문창길

펴낸곳/도서출판 들꽃
주소/서울 중구 서애로 27(필동3가 28-1) 서울캐피탈빌딩 B202호 (100-273)
전화/02)2267-6833, 2273-1506
팩스/02)2268-7067
출판등록/제5-313호(1992. 5. 15)
E-mail: dlkot108@hanmail.net, dlkot108@naver.com

값/13,000원
* 파본된 책은 바꾸어 드립니다.

ISBN 978-89-6143-189-7 03810
ISBN 89-89607-54-X(세트)

들꽃산문선 6

산은 막히고 강은 흐른다

서영선 수필집

| 책머리에 |

유명한 수필가 피천득 선생님은 수필은 학이요 청자 연적이요, 몸맵씨 날렵한 여인이라고 하셨지만 저는 생각나는 대로 어떤 충격과 내 나름대로의 역사적인 글이 될까 하며 썼습니다. 제가 강화유족회장을 하면서 위령제를 치를 때마다 인사말을 쓴 것은 해마다 우리에게 다가오는 역사적인 문제와 정치적인 배경이 달라지기 때문에 쓰게 되었고 오신 분들에게 자그마한 인사라도 제 글로써 올리기 위함이었습니다.

해마다 같은 일을 반복하면서 그때 그때의 생각과 다가오는 문제들을 하소연했다고 볼 수도 있습니다. 비슷한 내용으로 읽으시기 지루하시겠지만 이런 특수한 처지의 글도 있구나 여겨 주시면 감사하겠습니다. 저의 어머니와 한 살배기 동생의 억울한 죽음을 어떤 즐거움이나 슬픔이 닥칠 때 남의 어떤 동기에서의 같은 감정이 복 받칠 때 저의 슬픔을 연결시키며 더욱 슬퍼하기도 하고 지방 위령제를 다니며 시 낭송을 할 때는 유족들을 많이 울리기도 하고 같은 처지의 가슴 아픔이 다가와 내 육신이 부서진다 해도 먼 걸음을 하면서 가서 낭송을 하였습니다.

나의 특수한 취지가 아니라면 이해하기 어려우실 독자들이 많을 것입니다. 슬픔과 어려움을 지면에 하소연하면 가슴에 맺힌 응어리가 풀리는 것도 같았습니다. 춘하추동 변하는 기후와 사물들을 보면서 억울한 죽음에 대비하면서 애상과 상처를 씻을 수 없을 때 지면과 접하면서 거의 반세기의 세월을 맞았습니다.

행복했던 유년 시절과 전쟁 후의 비극적인 삶을 생각할 때 내 영혼 무너짐을 인식하며 불면증에 시달리고 이제 80을 바라보는 이 시점에서 아직도 연장선의 비극은 끝나지 않고 이산 가족들의 아픔은 연속되어 언제나 하면서 수명을 연장하고 건강하기만을 바랄 뿐입니다. 전쟁의 상흔은 육신과 영혼을 망가 뜨리면서 연속될 뿐입니다.

우리의 2세와 3세들이 맑고 밝은 하늘 아래 역사 인식을 바로 하면서 살 수 있기를 고대 합니다. 다시는 전쟁의 비극은 없어야 합니다. 이 책을 출판해 주신 들꽃 사장님께 감사드리고 저의 큰 딸과 김상구 선생님께도 감사드립니다.

2016 봄에

서영선

차례

오늘

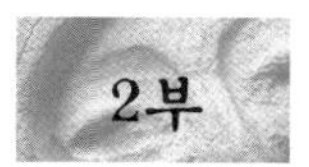

2부

염원

3부

인사말

부모님께 드리는 편지

비참했던 그 날들 2010

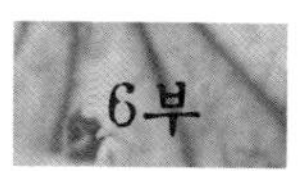

가해자와의 면담

오늘

오늘

오늘

이나시오에 오는 기쁨, 우선 나에게는 건강이 있고 배움이 있고 손자의 재롱이 있어 하루하루가 얼마나 행복한가. 저녁 6시 30분에 귀여운 손자를 업고 딸 집에 간다. 7시 30분이면 정류장에 나와 있지만 기다리는 차는 오지 않고 2~30분 기다려 타고 오면 수업은 벌써 2교시에 들어간다. 배움을 여는 즐거움, 내 인생에 있어 한폭의 수를 놓을 수 있을 것이라 생각한다. 그 때는 다닐만 한 야학도 없었고 교통 여건도 좋지 않았다.

독학, 얼마나 어려운 단어였던가. 얼마나 배움에 몸부림쳤던가. 어느 날 학원에 가겠다고 밤새도록 얼마나 울었던가. 그 때가 벌써 40여 년 전의 일이었던가. 마음은 그 때나 지금이나 다를 것이 없건만 초등학교 일학년 깨끗하고 조용한 시골 양철지붕의 관사에서 4년을 살았다.

우리 아버지는 35세의 젊은 나이에 교장선생님이 되셨고 해방되던 해에 나는 초등학교 일학년이었다. 몇십 년이 지난 오늘 아버지는 그 학교 4대 교장선생님으로 사진이 걸려 있다. 나는 아버지가 보고 싶으면 지금도 그 학교로 달려간다. 나는 그 때의 추억을 못 잊어 시 한 수를 적어본다.

양철지붕

양철지붕 유리창 달린 집
앞뜰에 채송화 활짝 웃고
상록수 울타리에 하얀 장미 붉은 장미
온통 내 마음 보랏빛이 어리는데

호두나무 잎을 따서 향기 좋아 맡아보고
날저문 마루터기 밑거적 깔고 누워
세어보는 북두칠성

질경이 · 달래 · 냉이 캐던 그 시절
움속에 묻어 두었던 시원한 무맛
흰 눈 쌓인 마당에 먹이 찾는 예쁜 새들
행복찾아 날아갔나
연민에 울고 있네

\- 1995

어머니

어머니

한장의 달력을 남기고 보니 어쩐지 쓸쓸함과 허무함이 밀려들고 유난히 대형사고에 다사다난했던 1995년을 뒤로 하고 새해를 맞을 때가 되니 내 마음 착잡하기 이를 데 없습니다. 오늘 낮에 손자를 토닥거리며 자장가를 불러줄 때 말할 수 없는 애상에 잠겨서 나도 모르는 눈물이…

이 모습을 본 손자는 소리내어 울고 있습니다.

잡을 수 없는 세월은 나를 어머니와 할머니로 만들었고, 한 인생의 스승으로 만들어 주었습니다. 격동의 세월을 살아온 50여 년, 한국전쟁의 비극인 6 · 25 당시 밀리고 쫓기는 과정에서의 양민학살은 비극을 겪어 보지 않은 신세대들이 어찌 알 수 있으리오.

39세의 우리 어머니, 한 살배기 남동생도 그렇게 비명에 갔습니다. 5남매를 고스란히 남겨 놓은 채, 그 당시 지식층이었던 우리 부모님, 13년 동안 좋은 아버지, 어머니로 올바른 교육을 하셨기에 내가 소녀가장으로 정도를 걸으며 동생들에게 희생과 사랑으로 헌신할 수 있었으며, 또한 돈독한 신앙심으로 살 수 있었습니다.

71년 전의 어머니 졸업앨범, 내 친가의 역사를 말해 주는 앨범들을 고이 고이 간직하고 못다 한 효를 생각하며 용서를 빕니다.

보고 싶은 어머니!

사랑하는 어머니!

이 여식 어미 되고 할미 되어 목놓아 웁니다. 당신의 불쌍한 영혼, 고결한 삶 감싸안으렵니다. 봄볕의 어린 싹, 해저문 산속 소쩍새 소리, 붉은 노을 어둠의 찰나 낙조를 보면서 당신을 향한 예찬시를 써내려 갑니다.

수필가 전숙희 씨는 기계화된 오늘날의 문명 속에 어머니의 정성과 사랑이 식어간다 했지만, 주부의 일손을 덜어주는 편한 세상을 살아보지도 못하신 우리 어머니.

물질만능주의 시대!

일국의 전직 대통령이 비자금을 끌어모아 차명계좌에 치부하고 부정축재를 해도 집 없는 사람들에게는 강 건너 불구경이었습니다. 또 공해에 찌들어 숨을 헐떡거리고, 농약 오염이 무서워 농작물을 씻고 또 씻어 먹어야 했습니다. 텃밭에 옥수수와 감자, 무우를 심어 먹기도 했습니다. 어느 날 제가 넝쿨 강낭콩 까 넣고 저녁 밥을 지었을 때 어머니는 퇴근하시는 아버지의 밥상을 차려 놓으시며 "이 상은 영선이가 밥 지어 차린 겁니다." 하고 칭찬하실 때 정말 행복했습니다. 어머니!

- 1995. 12

어느 여름날

어느 여름날

높은 습도에 짜증나는 장마철도 슬며시 가 버리고 아침, 저녁으로 제법 서늘한 날씨가 가을이 성큼 다가온 듯하다.

며칠 있으면 추석, 사람들은 저마다 고향을 찾느라 혼잡한 교통난에도 대이동이 시작되겠지. 나도 예외는 아니어서 큰딸이 시댁에 가는 것이 걱정되어 표를 예매해 두었다. 손자를 하루 종일 돌봐야 하기 때문에 힘들어서 이번 추석에 데리고 가면 나도 좀 한가한 시간을 보내리라 했는데 아기는 맡기고 간단다.

어쩔 수 없지, 이 나이에 공부를 하겠다고 남몰래 겪은 갈등, 어려움들이 주마등처럼 스쳐 지나가고 졸업을 몇 달 남겨놓고 보니 불현듯 감개가 무량하다.

손자를 보면서도 서쪽 하늘 노을을 감상하며 시를 쓰고, 손자의 재롱을 보면서 어머니를 생각하고 애상에 잠기었을 때가 얼마였던가.

우리 친가의 역사를 말해주는 가족앨범, 어머니가 수 놓았던 유품을 헝겊 박스를 만들어 보관하는 나의 정성이 하늘에 계신 부모님께 전해질 수 있다면, 이것으로 효를 할 수 있다면 자나깨나 이 딸은 어머니를 잊지 않고 비가 오나 눈이 오나 한시도 잊지 않겠습니다. 부모님 사진을 곱게 꽃으로 장식하여 올려 놓고 인사를 드립니다.

사랑하는 어머니!

그리운 아버지!

- 1996

거실 중앙에 꽃과 함께 곱게 모셔놓은 부모님 사진.

잠 못 이루는 밤

잠 못 이루는 밤

사람들은 흔히 말하기를 잠 못 이루는 밤에는 기와집을 몇 번 헐었다 지었다 한다고 한다. 어렸을 적 할머니께서 왜 그렇게 잠이 안 온다고 말씀을 자주 하셨는지, 나는 무척 의아하게 생각했는데 이제는 이해 할 것 같다.

수술을 앞두고 불안했던 밤, 딸 결혼을 앞두고 걱정스런 밤도 있었지만 내가 가장 행복했던 밤은 유년기의 추억과 함께 반세기의 삶이 한 권의 소설처럼, 한 편의 영화처럼 다가왔을 때가 불면의 밤이었던 것 같다.

나는 일제 말기에 태어나서 종로 한복판인 누하동과 팔판동에서 살았다. 위로 언니와 아래 남동생이 있었는데, 어머니는 남동생을 데리고 병원에 매일 다니셨다. 언니는 학교에 가고 집 보는 것은 내 차지였다.

그 시절에는 일본 사람이 먼저 치료하고 한국 사람은 맨 나중에 해 주었기 때문에 어머니는 늦게 돌아오시곤 했다.

언젠가 혼자서 너무 무서워 이불을 머리끝까지 뒤집어쓰고 식은 땀을 뻘뻘 흘려야 했던 기억과 부모님이 외출하고 안 계실 때 손님이 가지고온 생과자를 다 먹고 땅거미가 질 무렵 내 쫓겨 첫눈 내리는 오솔길을 언니와 같이 걸었던 일, 전차를 타고 가다 미처 내리지 못하고 어머니와 헤어졌을 때, 다음 정거장에서 어머니가 먼저 가시어 기다리셨던 일 등등 모두 다섯살 때의 기억이 생각난다. 오늘도 잔잔한 추억과 온화한 사랑, 애절한 슬픔과 한을 남겨 놓으신 채 떠나신 부모님의 영상이 다가드는 것은 이 밤의 불면일까. 아주 더운 여름날 첫 손자가 태어나서 초롱초롱한 눈망울이 가을과 함께 영글고 맑은 숨소리를 함께 들으면서 신비스런 밤이 불면의 밤은 아니었을까.

불면은 어둠의 속삭임으로 이어져 어떤 무아의 경지에 도달하는 것 같기도 하고, 고통 속에 뒤척이다 보면 아까운 시간들이 글을 쓰고 싶은 강한 욕구로 발전하기도 한다. 또한 나에게 있어 불면의 밤은 아주 유효하고 나만이 가질 수 있는 독특하고 개성이 있는 상상의 세계로 이끌어 준다.

- 1997. 10

통일 되는 그 날까지

통일 되는 그 날까지

1945년 8월 15일, 해방이 되면서 분단된 우리 조국의 비극적인 역사와 이산가족의 슬픔에 대하여 체험하고 당해보지 않으면 어찌 알 수 있을까, 일제의 핍박에서 벗어나 해방이 되는가 했더니 우리 조그만 땅은 두 쪽으로 갈려 동족상잔의 비극을 낳아 1950년 그 평화롭고 천진난만한 어린이들이 뛰어 놀던 마을에도 비극의 씨앗은 어김없이 찾아와 탄탄대로의 전도는 막히고 말았다. 그 당시 10~20대는 피해자 중의 피해자로 오늘날까지 어려웠던 시절을 잊으려 노력하며 살아왔던 것 같다.

우리 부모와 형제자매는 남으로, 북으로 갈려야 했고 많은 젊은 목숨들을 잃어야 했다. 억울한 죽음을 예상하지 못했던 시절 고행으로 어떻게 살아왔는지, 이 비극을 모르는 사람들은 상상도 못할 것이다. 갖은 만행과 오점 투성이인 우리의 역사는 어찌 되돌릴 수 있겠는가.

오늘날 대기업에서 북한과 사업 토대를 마련할 수 있음은 한 걸음 전진한 것이라 생각하니 이 얼마나 발전된 일인가. 수십 년이 지난 오늘 서로의 벽과 이념을 뛰어넘어 하루 빨리 통일을 앞당겨야 한다는 것을 누구나 바랄 것이다.

그 당시 10대들은 환갑을 바라보는 나이가 되었고 이미 타계한 사람도 있을 것이다. 많은 한을 품은 채 고향땅에 묻히지도 못하고 한을 안고 홀로 가셨다. 적십자회담, 남북정상회담이 꾸준히 성사되어 서신 연락 등, 발전적으로 나아가 하루빨리 통일을 이루어야 할 것이다.

- 통일되는 그 날까지 1997.

가을의 단상

가을의 단상

가을하면 어머니의 훈훈한 사랑이며 어머니의 사랑은 곧 가을의 풍요로움이라고 말하고 싶다.

내가 초등학교 시절, 경기도 어느 시골 교장 사택에서 약 4년을 살았다. 국화의 은은한 향기와 따사로운 햇볕을 받으며 익어가는 곳감들, 텃밭에 감자, 옥수수를 심어 영글면 가마솥 잔뜩 삶아서 우리 5남매에게 실컷 먹이시던 어머니. 이렇게 구수한 사랑으로 내 인생의 출발이요, 정서적인 삶을 심어주신 어머니께서 격동의 세월, 일제와 6.25사변을 겪으면서 30대의 젊은 나이로 타계하셨다. 지금 생존하셨다면 86세로 의학공부까지 하셨던 인텔리 여성이었던 나의 어머니, 내가 글을 쓰고자 함은 어머님의 젊음과 지식, 고결하신 인품을 예찬하고 못다 한 효도를 글로 승화시키기 위해서이다.

인생은 고해, 누구든지 인생의 역경 속에 아리랑 고개가 없을 수 없겠지만 초등학교부터 윗학교까지 나와 1, 2등을 다투던 동기들은 대학교수, 고위 공직자로 부상했지만 나는 언젠가는, 언젠가는, 표어를 간직한 채 주부, 직장인, 학생 이렇게 일인 삼역을 하면서 40대에 대학공부를 할 수 있었다. 칼 붓세의 싯귀처럼 "행복은 저 산 너머에 있는 것이 아니라 바로 내 마음 속에 있는 것이다." 이 명언을 심중에 간직하였다.

지하에 계신 어머니 그 때의 내 모습을 보셨는지요. 지난 추석 어머니의 차례상을 차려놓고 세 자매가 모여 연도를 하고 송편과 햅쌀밥을 지어 올렸답니다.

그때 저의 딸애가 하는 말, 엄마는 연세가 드시고 손자까지 본 지금에도 그렇게 할머니가 보고 싶어요, 하기에 너도 결혼하여 자식을 낳고 나이가 들어보렴. 더욱 더 그리워진단다. 나는 괜한 걱정을 한다. 우리의 2세와 태어날 3세들은 오늘의 교통난, 산업화와 정보화의 물결 속에 오는 부작용, 과학이 발달하면 발달할수록 오는 역작용을 생각하면 ….

나의 어린 시절 자연과 풍요로움, 부모님의 지극한 사랑, 공해 없는 환경, 순진무구했던 인정과 범죄 없는 풍요토움을 생각할 때, 오늘날 자라나는 세대들이 걱정스럽기만 하다. 기계의 문명 속에 주부들의 일손을 덜어주는, 돈이면 다 된다라는 물질만능주의, 어디든지 가면 살 수 있는 인스턴트식품, 무슨 메이커냐 하면서 살 수 있는 의류들, 어머니의 정성과 손맛이 들어있는 음식, 풀을 빳빳이 먹여서 숯불 다리미로 다려 주신 옷을 입었던 옛날의 그 가을이 마냥 아쉽고 그립기만 하다.

요 며칠 전 성지순례를 다녀오던 길에 가을의 상징인 코스모스를 보려고 차창을 기웃거렸지만 매연 때문인지 시골의 들길도 황량하기만 했다.

그러나 올 가을은 아름답던 옛날의 회상과 부족한 오늘을 탓하지만은 않으리라. 결혼을 앞둔 딸의 혼수감을 장만하고 하루하루 지출을 써내려가면서 때로는 큰딸 손자의 재롱도 보면서 즐거운 외출이 이 모든 것들이 올 가을을 더욱더 행복하게 해 준다.

- 1997년 가을

21세기의 시작

21세기의 시작

수많은 소용돌이, 전쟁의 비극들은 퇴색되어 20세기를 마감하고 2000년 1월 6일, 나는 뜻있는 위령미사를 주최하게 되었다.

오래도록 외면했던 강화섬 10년이면 강산도 변한다는 말이 정말 실감으로 다가와 강화대교가 생긴 지도 10여 년이 지난 오늘, 섬이라고는 누가 보아도 믿기지 않을 정도로 고유한 역사와 전쟁의 소용돌이로 세월의 때를 입은 곳이다.

때는 1951년 1.4후퇴 당시로 거슬러 올라간다. 마냥 평화롭고 갯바람 스치며 들에는 달래, 냉이, 특산물인 순무로 들녘은 푸르르고, 맑은 시내는 개구쟁이 물장구와 빨래하는 아낙들로 향기로운 향촌이었다. 한국전쟁은 그 평화를 송두리째 앗아가고도 모자라 1.4후퇴 때는 많은 생명과 억울한 죽음을 부른 돌이킬 수 없는 비극이었다. 반세기가 지난 지금 억울한 영령들을 위해 나는 몇 년을 탐문하고 그 때의 실정을 알 만한 노인을 방문하고 연고자가 있으면 알아보고 나름대로 몇 년을 발로 뛰고, 마음으로 다짐하면서 오늘에야 위로의 미사를 드리게 된 것이다.

우리가 전쟁의 소용돌이에서 전국 어디서나 이런 일들이 있었지만 내가 아는 강화는 피난갈 틈도 없이 인민군들이 들어왔고 자의던 타의던 간에 부역을 하게 되고 그런 사람들은 9.28수복 때 피난을 가고 아무 죄도 없는 가족들만 남게 되었다. 3개월 만에 두 번의 정부를 맞게 된 것이다. 이에 경찰이 조직한 향토방위특공대가 생기고 모든 가족들을 노인에서부터 어린아기까지 학살을 저질렀던 곳이다.

억울한 죽음 뒤에는 빨갱이라는 누명을 쓰고 50여 년이 넘게 핍박을 받았던 것이다. 이 억울함은 바로 우리 후손들이 풀어주어야 하고 우리가 할 일이 아니던가. 강화 신부님께 부탁드리니 미사를 드려 주시겠다고 쾌히 승낙하셨다.

2000년 1월 6일에 위령미사를 드리게 되었고 나는 추모시를 써서 바쳤다.

좌익이 무엇이며 우익이 무엇인지,
사상이 무엇이며 이념이 무엇인지도 모르는 사람들
텃밭이나 가꾸고 우물에 물이나 길어 나르던 부녀자들
아무 감정도 없다면서 왜 죽였나요?

그 날의 미사는 눈물바다를 이루었고, 어떤 교우는 내 평생 이렇게 뜻있는 미사는 처음이라며 돈 만 원을 내 손에 꼭 쥐어 주는 것이 아닌가. 김삼웅 선생님은 대한매일 기자를 보내주셨고 경인일보 기자가 취재하여 대서특필 되었다. 우리 천주교의 대 희년을 맞아 앞으로 불쌍한 영령들을 위하여 뛸 것을 성모님께 약속드린다.

- 2000.

징검다리 동인시집 제 8집을 꾸미며

징검다리 동인시집 제 8집을 꾸미며

우리 징검다리 동인은 1998년 『나이테의 단층들』로 시작하여 제2집 『재 넘어 대둔산가는 길목』, 제3집 『청산 호수 되리라』, 제4집 『매혹의 섬』, 제5집 『흙이 되기 위하여』, 제6집 『갈대는 항상 울지 않는다』 제7집 『가랑잎 날리는 이 바람에』 이어 제8집 『바다의 수선화』를 발간하게 되었습니다.

우리 동인들은 한 가족처럼 서로의 친분과 유대를 하며 징검다리를 건너 8층의 아파트를 올리려 합니다. 더욱 정진하여 고층의 아파트까지 올라가야 합니다. 우리 동인들은 각자의 언어를 가지고 테마시를 발표하며 결속을 다지고 있습니다.

시, 얼마나 아름다운 언어입니까, 모든 순수와 애락을 지면에 분출할 수 있음이 얼마나 행복합니까. 그 동안 새 식구도 늘었고 우리 징검다리 동인이셨던 정양섭 선생님께서 순수문학인협회 회장님이 되시어 순수문학 발전을 위해 정성을 다하고 계십니다. 여름 정기

세미나에서 광주로 초대되어 즐겁고 보람찬 시간을 보냈음에 감사드립니다.

천고의 가을, 결실의 가을, 청정의 가을을 맞아 은은한 국화의 향과 귀뚜라미의 음정에 맞춰 詩作을 하여 선선한 계절에 결실의 잔치를 하게 됨을 한없이 기쁘게 생각합니다. 그 동안 전 회장님의 노고로 매년 특이한 작품의 발표로 보람도 많았습니다.

시의 성을 쌓으며 서로 아름다움의 경지로 발돋움하여 보다 나은 작품으로 징검다리 이름을 빛낼 것임을 약속하면서 이 글줄의 문을 열어주신 모든 분들에게 감사의 말씀을 올립니다.

2000년 10월 징검다리동인회 회장 서영선

문학기행 · 1

문학기행 · 1

정지용 생가를 방문하는 즐거움으로 우리대학 정문에서 저녁 5시로 예정된 차를 타기 위해 혜화동 지하철에서 내려 나오니 같이 가기로 한 조 선생은 벌써 나와 있었다. 서두른다고 했지만 우리는 6시가 되어서야 떠날 수 있었다. 밤이라 차창 밖의 풍경은 볼 수 없고, 뻥 뚫린 차도를 힘차게 달려 어느 새 충북 옥천군 하계리에 도착하였다. 부리리앙스 호텔에 여장을 풀고 6층 강의실에 가서 교수님의 슬라이드 강의를 들었다.

교수님의 사전답사로 이루어진 사진촬영이 한눈에 그 노고를 알 수 있을 것 같았다. 내일의 일정을 슬라이드를 통해 보고 듣고 나서 우리 여자들은 큰방 하나에서 잠을 청했다. 남학생 방에서는 간간이 웃음과 떠드는 소리가 들려왔다. 아침 7시에 기상하여 예정되어 있는 음식점에서 맛있는 김치찌개로 식사하고 관성회관 언덕에 있는 정지용 시비에 갔다. 향수, 꿈엔들 차마 잊힐리야. 늘 듣는 향수였지만 이 문구는 새로운 것 같고 마침 안개비가 내리고 있었다. 생가 사립문을 들어서니 유실수 몇 그루가 얕은 키를 자랑하며 서 있고 집은 초가로 되어 있는데 광 같은 것이 하나 있고, 안채는 깨끗하게 단장되어 있었다. 앞의 실개천은 30년대나 지금이나 흐르고 있지만 그 때의 실개천은 아니었다. 뜰안에 우물이 있는데 물도 차 있고 두레박도 있다. 염주, 모과, 대추가 열려 있고 지금은 인공으로 시멘트를 발라 놓았지만 정말 그 때는 실개천이 휘돌아 나갔을 것이다.

1930년대 훌륭한 시인을 배출한 이 집과 개천을 보면서 그 때의 상황을 한참 떠올려 보았다. 이런 비도 있었다.

1902.2.15. 출생 ○ 옥천군 옥천읍 하계리
한국문인협회 1996. 5. 18
한국현대문학 표징
지금은 돌아가신 황명 시인 이름으로 새겨져 있었다.

주인의 자취는 없고 인적만 남아 있다. 이어 차편으로 견훤산성을 향했다. 차창 앞에서 슬쩍 훔쳐보는 풍경, 아침 안개 속으로 멀리 보이는 고봉의 부우연 안개 사이로 은은한 빛을 반사하는 듯한 광경은 화가라면 누구나 화폭에 담고 싶으리라. 간간이 보이는 산과 산사이 호수의 몸놀림은 누렇게 익은 들판과 어울려 있다. 이런 자연의 조화는 신비한 한 폭의 그림이다. 그런데 견훤산성에 오를 땐 좀 난감했다. 나는 평지만 다니는 줄 알고 굽이 약간 있는 샌들을 신고 갔다. 포기하고 차에 그냥 앉아 있을 수도 있지만 오늘의 목적을 달성하기 위해서는 어떤 고난도 감수해야 했다. 돌로 쌓은 성터가 남아 있는데 이는 견훤이 후백제 때 세웠던 산성이라 한다. 내려오는 길은 아예 신발을 벗고 양말을 신은 채 미끄러져 내려왔다. 다음으로 이동한 곳은 상주시 화북면 장암리 들판에 있는 농바위에 갔다. 이 바위는 견훤이 바위를 뚫고 나왔다는 전설이 있다.

세 번째로 간 곳은 말바위다. 견훤이 말바위에서 화살을 쏘았다고 한다. 다음은 천마산성(토성)에 올랐는데 도중에 여기저기 알밤이 툭툭 불거져 떨어져 있다. 주머니에 두둑히 알밤을 주워 넣었다.

다음은 아호리에 갔다. 여기는 견훤의 생가이다. 전설에 의하면 아자개가 사는 집에 저녁마다 그의 딸 방에 잘생긴 남자가 들어와 밤을 보내곤 했는데 그 부모가 하룻날은 실을 꿰어 그 남자의 옷자락에 꽂으라고 일러주었다고 한다. 이튿날 그 실을 따라가 보니 겨우 사람 하나 들어갈 수 있는 굴로 연결되어 있어 들어가 보니 큰 지렁이가 죽어 있더란다. 정말 그 굴은 맨 지렁이 땅이었다. 아자개가 살던 집에서 얼마 안 되는 거리였다. 그래서 견훤은 지렁이 자손이라는 전설이 있기도 하다. 아자개가 살았다는 터에 가 보니 골짜기에 돌들이 많이 있고 물은 우렁차게 흐르고 있었다. 이를 마지막으로 우리 일행은 버스에 실려 생각보다는 막히지 않고 서울로 왔다. 정말 산 교육이며 보람이 있는 1박 2일의 문학기행과 역사기행이었다.

- 2000.9 .23 - 24

문학기행 · 2

문학기행 · 2

간밤부터 비가 내리더니 아침에도 조금 심각하게 내리고 있다. 오늘은 순수문학인협회에서 태백으로 문학기행 가기로 한 날이다. 한번 마음먹고 또 약속했으면 정말 불가피한 일이 아니고서는 꼭 지키는 내 성미는 바지 한 벌을 다 적셔가며 관광버스가 있는 중구 묵정동으로 향했다. 내가 좋아하는 고 시인께서 오시어 같이 탈 수 있었고 조 시인께서는 부부가 오셨다.

뜻 있는 시간에 창밖 구경을 하며 많은 것을 얻고자 했는데 무심하게 내리는 비가 차창을 흐려놓는 바람에 일차 계획은 무산되고 말았다. 어느 새 태백 준령으로 들어서고 문명의 물결 속에 퇴락한 탄광촌을 바라보면서 물안개 자욱한 첩첩 산중 골골마다 수려한 청록을 자랑하는 강 수림 사이를 누비는 우리 시인들은 마냥 행복한 웃음과 환한 인상이다.

강원문학인협회 회원들이 오셔서 환영을 하고 처음 도착한 곳은 태백박물관이 있는 건물로 시 낭송과 박물관 관람을 하기로 되어 있었다. 시 낭송은 참석한 시인들이 한 편씩 발표하였고, 또 원로 시인께서 문학강의도 하였다. 나는 남과 북 이산가족들의 눈물과 회한을 지켜보며 그 슬픔, 기쁨, 아픔을 동감하여 쓴 시 「남과 북의 눈물」을 발표하였다.

태백박물관은 우리가 상상도 할 수 없는 기기묘묘한 돌들과 보석으로 형성된 값진 석물들이 진열된 모습을 보고 호기심 어리고 놀라운 눈빛으로 구경하였다. 이제는 쇠퇴해버린 광산과 광부들의 노고가 생생하게 재현된 모형도도 보았다.

그들의 노고와 위험한 삶을 그려보면서 첫날부터 맛있는 점심 식사를 하고 저녁은 강원도 고유의 저녁 식사를 한 뒤 각자 숙소에 들었다. 집을 나오면 원래 잠 못 드는 나는 어찌어찌하다 새벽녘에 곤한 잠을 잘 수 있었다.

아침 상큼한 공기를 놓칠세라 부족한 잠을 뒤로 하고 밖에 나오니 태안에서 온 예쁜시인 김미라 시인이 반갑게 맞이한다. 둘은 산길로 접어들어 기념사진을 찍고 태백의 정기와 고산의 중심에서 풋풋이 밀려오는 시심을 카메라에 담았다. 오늘 일정으로 처음 도착한 곳이 솟대이다. 새에게 행운을 싣고 조국을 지키는 곳이라 한다. 몇 미터나 되는 돌로 뾰족하게 솟아 있다.

이어 김삿갓 계곡으로 갔다. 입구에서 시작한 시가 대리석에 새겨져 어림잡아 십여 군데 나지막하게 세워져 있고 한참을 들어가니 본명은 병언, 자는 난고라고 되어 있는 그의 묘가 있었다. 김삿갓은 원래 벼슬깨나 하는 집안이었는데 홍경래 난에 몰락한 집안이었다. 김삿갓이 백일장에서 홍경래 난에 대한 글이 장원을 하였는데 후에 알고 보니 선조에 대한 것이었다고 한다. 김삿갓의 어머니는 집안 내력에 대해 말하지 않고 키웠다고 한다. 이를 알게 된 병언은 그 후로 자책을 받아 방랑시인이 되었다.

다음은 황지연못 낙동강 발원지다. 태백의 개천에는 유황철이 녹아 나와서 빨간 돌들이 많다. 백화가 됐다가 원상태로 돌아온다고 한다. 개천물도 뿌옇게 회색 빛이다. 이는 탄광에서 물들었기 때문이라 한다.

다음 대덕산으로 접어들어 한참을 가다 보니 검룡소라는 1300여리의 한강 발원지가 있다. 맑은 물을 한 움큼 움켜쥐고 물맛을 보니 과연 맛이 그만이다. 그 곳에서 내려오는 길은 각종 들꽃들이 일렁이고 그 색깔 또한 미묘하다. 하느님의 조화는 어느 누구도 흉내 낼 수 없는 신만의 영역일까. 돌아오는 길에 차내의 화기애애함은 잊지 못한다. 즉흥시가 나오는가 하면 숨은 재간을 발휘하는 좋은 무대가 되어 노래자랑이 한창이다. 송시인의 통기타에 맞추어 고시인과 나는 정말 동심으로 돌아갔다. 즐겨 부르던 '밤이 내리면' 을 부르니 재창이란다.

하루 해는 기다려 주지도 않고, 일정에 맞춘 차가 서울 도심 한복판에 와 있질 않은가, 정말 뜻있는 하루였다.

- 2000. 9. 2.

제 6회 황해미술제를 다녀와서

제 6회 황해미술제를 다녀와서

2003. 8. 22. 인천민족미술인협회가 주최하는 제 6회 황해미술제를 참석하였습니다.

전쟁을 반대한다, 라는 반전, 평화 인천전이었습니다.

당일에는 인천 평통사 간사 김강연 씨, 범국민위 운영위원이며 고양금정굴공대위 집행위원장 이춘열 씨가 오셨고, 나는 딸들에게 꼭 보여주고 싶기에 마감 하루 전인 8월 27일 비는 억수같이 내리는 날 4살짜리 손자까지 데리고 갔었습니다. 민미협 대표이신 성효숙 작가께서는 1948년 5남매와 부모님께서 같이 찍은 가족사진, 1934년 어머니의 호수돈 졸업앨범, 우리 가족사진을 천에 크게 확대하여 출품하셨습니다.

때는 1950. 6. 25일 한국전쟁이 발발하고 1951년 1.4후퇴가 있었지요. 저의 나이 12세였었는데 강화지역은 피난 갈 틈도 없이 인공시절을 맞이하게 되었죠. 아버지는 장학사였었고 어머니는 6남매

데리고 살림만 하였습니다. 6. 25를 졸지에 만난 강화에서 관청 사람들은 잡히게 되었고 강제 부역을 하게 되었습니다.

9. 28 수복이 되자 정작 부역한 사람들은 이미 피난하였고 아무 죄도 없는 가족들만 공포에 떨면서 하루하루 연명하다가 1. 4후퇴를 맞게 됩니다. 그 즈음 치안대 잔당들이 향토방위특공대를 조직, 12월 말경 복면을 한 괴한 3명이 들어와 집안을 뒤진 다음 마루에서 아기를 업고 있는 어머니를 끌고 갔습니다.

아래에 그 당시 모습을 그린 시를 한 수 싣겠습니다.

마루에서

마루에서 어머니와 헤어지던 날
어스름 땅거미져 튀어나온 그림자

어디론가 사라져가는 뒷모습
떨며 떨며 발자국 찾아

가슴 속으로 부르며 부르며
물길 따라 숲길 따라 가신 길

아무도 모르는 속 울음이
찡 머릿속을 가르며 지새우는 밤

야속한 시간의 퇴적된 나이테

허공을 딛는 법에

돛대도 삿대도 없는 허허 벌판
유유히 오랜 길을 걸었습니다.

어머니는 '네, 나요' 하면서 집에서 입던 채로 고무신을 신고 그 엄동설한 추운 날 끌려가신 것이 마지막이었죠. 11개월 된 아기와 함께 강화경찰서에서 학살당했습니다. 그 후 우리 5남매는 큰집에 갔는데 큰어머니가 '이 애들 집으로 다시 데려다 주라' 해서 77세 되신 할머니와 함께 나왔다가 길에서 특공대원에게 잡혔습니다. 할머니는 길에서 총으로 살해되고 우리 4자매는 내가면 지서에 하루종일 갇혀있다 저녁 으스름에 끌려 나왔습니다. 그러다 외포리 석모도 가는 해안에서 겨우 살아나왔는데 같이 있던 40, 50대의 아저씨 아주머니들은 살해 되었어요. 그 날이 51년 1월 17일이었습니다.

약 30명 정도 되었습니다. 긴긴 세월 한에 묻혀 말도 못하고 살다가 오늘에 이르러 민미협 작가들의 전시회에 이 모든 내용과 그 당시 사진을 전시하게 됨을 깊이 감사드립니다. 당시 12살이던 나는 그 사진을 간직하고 또 간직했습니다. 성효숙 작가님은 그 사진을 보고 감탄하시더군요. 어떻게 그 어린 나이에 이렇게 보전할 수 있었느냐고요. 지금도 그 때의 기억은 생생합니다. 잊어버릴 수도 잊혀지지도 않습니다. 저는 1947년 아버지가 교장으로 계실 때 만들어 주신 조그만 나의 책상에서 이 글을 씁니다. 묻혀 있던 강화 사건을 전시회를 통해 알려주시고 많은 관심을 가져 주시어 재삼 감사드립니다.

그리고 외쳐봅니다. "전쟁은 반드시 학살을 동반한다. 전쟁은 다시 있을 수 없다."

- 2003. 10. 6

유족들이여 힘을 냅시다

유족들이여 힘을 냅시다

맹렬한 투쟁으로 우리 유족들은 용기와 힘을 내서 적극 나서야 합니다. 백골이 진토되어 넋이라도 있고 없고 싸워야 합니다. 아무 영문도 모르고 갑자기 끌려나와 돌아가신 우리 부모 형제들 어찌 우리는 밥을 먹고 편안한 잠을 잘 수 있단 말입니까. 어두운 과거를 현재에 청산하지 못한다면 미래도 희망도 없습니다.

우리는 억울하게 부모 형제를 잃고도 말 한마디도 못하고 벙어리가 되고 아니면 거짓말쟁이가 되어 50여 년이란 세월을 곱씹으며 늪에 빠져 헤매어야 했습니다. 무슨 죄가 있기에 50여 년의 아픔과 통한, 형극의 삶은 누구에게 호소해야 합니까?

지금의 국회의원들은 각성하고 우리의 눈물젖은 빵의 맛을 조금은 음미해야 되지 않을까요? 구천을 떠도는 넋은 인간세계에서 지상계, 천상계도 못가고 중간계에 머물러 우리 자손들에게 호소하고 있습니다.

의식없는 사람들은 옛일이고 오래된 일인데 꼭 과거를 들추어 내어야 하느냐고 하면서 안일한 생각으로 일관합니다. 지금도 늦었습니다. 증언할 분들은 세상을 떠나갔고 일부 가해자가 살아 있을 때 우리는 꼭 특별법을 제정하여 한을 풀어야 합니다.

유족들도 연로하고 환우를 갖고 있는 분들도 있으며 또한 그 한을 갖고 유명을 달리한 분들도 있습니다. 분단된 나라에서 2등 국민으로 살아온 유족들. 이제는 그렇게 살 수는 없습니다. 오욕의 역사는 꼭 청산해야 하고 학살의 무덤 위에 세워진 과거 정권에서 지금의 시점은 전세계적으로 자부할 수 있는 인권국가로 거듭나야 되지 않을까요? 여야가 합의한다면 가장 슬프고 가장 억울한 사람들을 위하여 특별법을 제정하여 우선은 남남 갈등과 사회 전반에 걸쳐 화해가 이루어져야 합니다. 정쟁에 흐르지 않고 화해의 미덕으로 서둘러야 할 일이 17대 국회에서 할 일입니다. 우리는 16대 국회에서 쓰라림을 맛보고 좌절하였던 그 순간 비탄의 가슴을 안고 처절한 발길을 돌려야 했던 일이 얼마나 많았던가요. 과거사 청산을 반대하고 흠집내는 언론들 보수단체의 힘을 견제하고 이겨내야 합니다. 전국 유족회, 사회단체, 협의회, 연구자, 학술단체가 일심 단결하여 오늘에 이르렀다고 봅니다.

우리 유족들은 과거를 청산하고 통한이라는 활자를 지면에서 지워 버리기를 희망합니다. 우리 유족들은 용기를 잃지 말고 황금 들녘에 펄럭이는 가을의 결실처럼 유족들도 결실이 맺어지기를 바랄 뿐입니다.

- 2004 통한의 메아리에 실렸던 글

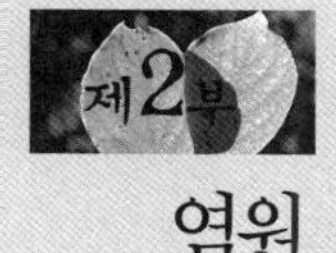

염원

염원

염원

얼마나 염원했던 길이었던가. 이제 얼마 남지 않은 학창생활을 마감하게 될 시점에 모든 아쉬움이 파도처럼 밀려온다.

4년 전 딸을 시켜 입학원서를 사게 했다. 딸이 하는 말 "엄마는 이 일이 얼마나 영광스런 일인데 뭘 그러세요" 하면서 사다 주었던 날이 어제 같은데 막 입학을 한 해에 문학기행을 갔다. 평지로만 다닐 생각으로 굽이 낮은 샌들을 신고 갔었는데 웬걸 꽤 높은 산으로도 올라갔다. 나는 도저히 신을 신고서 움직일 수가 없어 내려올 때는 양말만 신은 채 내려올 수밖에 없었다.

제일 나이 많은 후배에게 젊은 선배는 내가 다 내려올 때까지 지켜보면서 뱀을 조심하라고 하면서 보호하질 않는가. 그 때의 추억과 선배의 아름다운 마음씨는 지금까지, 아니 나의 학창시절을 떠올릴 때마다 잊지 못할 것이다. 정말 용기와 끈기가 없었다면 오늘 같은 날은 없었을 것이다.

내가 좋아하는 시, 소설 이 모든 것은 내 인생의 동반자요 동거인인 것이다. 문법 과목 중의 시, 신선한 시가 나올 때면 표현할 수 없는 즐거움을 느끼게 된다. 이 충만한 삶의 찬란한 희열을 무엇에 비기리요. 몇 시간씩 활자와 싸우다 보면 침침해지는 안구를 안약으로 달래면서 수업하던 일들이 지난 과거의 시간속으로 묻혀 가지만, 나는 내 인생의 동반자요 동거인인 그들을 사랑하며 앞으로의 남은 생을 만끽하리라.

4년 동안 지도를 아끼지 않으신 교수님들의 은혜에 보답하고자 문학의 열정 불사르며 정진할 것이다.

- 2004년 1월

답사

답사

사랑하는 후배들에게

무심히 흐르는 강물처럼 어느덧 지나간 4년의 시간, 갑신년 2월 오늘 사랑하는 후배들과 이별을 준비합니다. 그러나 이별이란 곧 만남을 기약하는 것임을 약속합니다. 결코 짧지도 길지도 않았던 학교생활, 강촌 스터디를 뒤로 하면서 4년 동안의 모든 일들이 주마등처럼 스치는 아쉬움, 시험일이 닥치면 걱정과 무거운 중압감에 잠도 제대로 이루지 못했던 일, 수업시간에 어쩌다 삼천포로 빠져버리면 깔깔거리면서 즐거웠던 일들이 행복했던 순간들이었습니다. 이렇게 좋은 기회 금빛보다도 빛나는 소중한 만남의 장을 만들어주신 백 선배님의 사랑은 우리 2000학번 17명의 학우들의 가슴 속에 꼭꼭 간직하고 떠나겠습니다.

그 동안의 학업 중 어머니요, 아내요, 학생으로서의 일인 다역을 하기에 만만치 않았지만 그 어려운 순간순간들을 슬기롭게 극복하고 오늘에 이른 것은 끈질긴 노력과 오직 한길을 향하여 달렸던 열정, 모든 집념이 어우러진 열매라 생각합니다. 고마웠던 4기와 5기 선배님들과 일년에 한 번씩 맞아들였던 후배들 이 모두는 열려 있던 우리 의식과 천생의 인연으로 맺어진 아름다움의 극치였습니다. 그동안의 겨울여행은 잊지 못할 추억이요 삶의 지표였다고 회상합니다. 햇병아리 일학년 때의 안면도 여행. 떡가루 같은 모래사장을 밟으며 우정을 나누었던 일, 2학년 무의도 여행에서 전통찻집의 따끈한 차 한 잔의 애달픔에 안타까워 했던 일과 지난번 안동 여행에서 헛 제삿밥을 먹었던 일 등은 마냥 동심으로 돌아간 듯 기쁘기만 하였습니다.

나는 1954년에 지금 대학 본부와 가까운 명륜동에서 잠깐 살았던 적이 있었는데 그 당시는 학교 옆에 개천이 흐르고 건물은 서울대학교 문리과대학이었습니다. 그 학교를 바라보면서 마냥 동경하고 부러워했던 일이 어제같건만, 우리 학우들은 지난 12월에 이 교정에서 졸업사진을 찍었습니다. 그 순간의 감회란 이루 표현할 수 없을 만큼 아련한 상흔이 기쁨인지 슬픔인지 분간할 수 없을 만큼 심장이 흔들렸습니다. 4년 동안의 학교생활은 결코 쉽지만은 않았습니다. 선배님들이 이끌어 주고 후배들이 밀어 주었기에 오늘이 있었다고 말하고 싶습니다.

후배 여러분,

우리 강촌 스터디는 학업뿐만이 아니라 한 가족처럼 끈끈한 정으로 뭉쳐 있기에 어려울 때 서로 위로하고 기쁠 때 두 배의 기쁨을 주고 또 들어오는 신입생들에게 지도와 많은 힘이 되주시리라 믿습니다.

나는 강촌에 처음 왔을 때 이름이 너무 마음에 들었습니다.
아름답고 순수한 강촌
앞에는 강이 흐르고
언덕에 초가집 두 채
강촌을 떠나지만 잊지 못할 이름
강촌에 살고지고 이렇게 시를 쓰고 싶습니다.
우리는 그 동안 많은 일들이 있었습니다.

내가 일학년 때 꼭 기말시험을 맞추어 6개월에 하나씩 손자를 보았던 일, 한 학우는 자녀 셋을 결혼시키고 손자 셋을 보았고, 우리 스터디의 청일점인 박 학우는 행복한 가정을 꾸렸던 일, 반면에 또 다른 학우는 친정어머님을 보내야 했던 일, 또 젊은 남동생을 몹쓸 병마에 잃은 슬픈 일도 있었습니다.

후배 여러분,
우리 6기 2000학번 학우들은 계속적인 인연으로 연록수라는 모임의 명칭을 갖고 또 다시 끈을 이어 가려고 합니다. 후배들에게 부탁합니다. 한 분도 낙오됨이 없이 힘차게 앞을 보시고 강촌 스터디의 일원으로 이름을 빛내주십시오.

- 2004. 2

아름다운 졸업 이야기

아름다운 졸업 이야기

졸업을 앞두고 기쁨인지 슬픔인지 눈물이 자꾸 나려하니 웬 일일까?

나의 이야기를 하려면 1950년으로부터 시작해야 한다. 나의 아버지는 그 당시 학교 교장선생님을 하시고 장학사로 계실 때 동족상잔인 한국전쟁이 우리 가족에게 덮쳤다.

그 와중에 아버지는 행방불명 되시고 어머니와 1살짜리 남동생이 억울하게 세상을 떠났다. 나와 언니는 두 살 차이로 학교에서 전교 1등 아니면 반에서 수위를 차지했었다. 갑자기 전쟁 고아가 된 나는 학업은 커녕 모진 목숨 부지하기도 어려웠고 학업은 초등학교 6학년 1학기에 꺾어지고 말았다. 나는 소녀가장이 되어 네 명의 동생과 생활을 책임지게 되었다. 동생들 공부시키는 데 전념하며 사는 동안 고통과 설움을 어찌 필설로 다 할 수 있으랴. 하지만 훌륭하셨던 브모님 생각에 바르고 굳건한 생활을 하면서 버틸 수 있었고 늦은 나이에 결혼하여 두 딸을 얻었다. 나는 두 딸을 대학공부 시켜 출가시키고 늦은 공부를 하였다. 그 동안 대학에 들어갈 수 있는 여건과 그 과정을 거치는 동안 우여곡절도 많았고 잊지 못할 추억이랄까, 보람 있는 흐뭇한 일도 많았다. 스터디에서는 늘 학우들이 왕언니라 불렀다. 이 나이에 공부하는 나의 모습을 보고 학우들은 용기를 얻고 학업을 포기하려는 학우가 있으면 나의 경험을 들려 주면서 격려해 주었다.

학업과 사회단체 활동도 겸하였다. 한 몸에 몇 가지를 해내기는 매우 어려움이 많았지만 나는 내가 할 수 있는 한계에서 열성을 다하였고 한 가지도 포기할 수 없었다. 그래서 그런 노력으로 졸업의 영광을 안게 된 것이다. 내가 세상을 제때에 살았다면 여기에 머물러 있으면서 슬픔인지 기쁨인지를 알 수 있었을까를 마음 속 깊이 새기면서 이 영광을 맞이해 본다.

- 2004.

강화 용역 피학살자 조사팀에게

강화 용역 피학살자 조사팀에게

저는 강화유족회 회장 서영선입니다.

이번 용역 조사팀에서 노고를 아끼지 않으신 동아대학교 석당학술원 홍순권 교수님, 강화를 맡으셨던 한성대학교 전쟁과평화연구소 소장이신 김귀옥 교수님, 9개 지방 곳곳에서 조사에 임하셨던 모든 선생님께 감사의 말씀을 드립니다.

피해자를 방문하셨을 때 문전박대도 당하고 만나준다 하더라도 모든 피해 사실을 감추려고만 하고 사실을 이야기하기보다 말문을 닫고 마는 일이 비일비재했을 것입니다.

이런 여건 속에서 더운 여름날 활동하신 노고를 다시 한 번 감사드립니다. 이는 왜 그럴까요. 이제는 말할 수 있다 하는데도 감추려 하고, 오랜 세월 공포 속에서 눌려 살고 또다시 피해를 보지 않을까 하는 두려움에서입니다. 이는 보수 수구 세력과 조중동 족벌 신문들이 눈과 귀를 막고 있기 때문입니다.

그 동안 우리 유족들은 슬픔과 고통 속에서 춘하추동 계절의 변화를 보면서 생물은 봄에 소생하고 생동하는데 가신 님들은 왜 못 오시나 하면서 마음 속으로 울고 소리내어 울기도 했습니다.

어떤 법적 절차도 없이 끌어내어 학살한 이 야만의 역사를 어찌해야 합니까. 역사는 거짓이 있어서는 안 됩니다. 정의는 바로 서고 진실은 진실로 밝혀질 것입니다.

이제 대선이 며칠 앞으로 다가왔습니다.

억울하게 돌아가신 영령들을 위로하고 비운에 살았던 유족들을 달래줄 수 있는 차기 정부가 출범하기를 바랍니다.

한 장의 달력도 보름을 남기고 있습니다. 여기 계신 모든 분들이 행복과 건강과 평화가 함께 하시기 바라며 이만 줄입니다.

- 2007년 12월

시간이 흐를수록 恨은 깊어만 가고

시간이 흐를수록 恨은 깊어만 가고

나는 1938년 12월 27일 생이다.

어린시절 5, 6살에는 서울의 한복판인 루하동 팔판동에서 살았다. 아버지는 일제 강점기 경성사범(지금은 서울대학교 사범대학)을 나오시고 교사로 발령을 받아 개성으로 가시게 되었다. 어머니는 개성 호수돈여고를 졸업한 손재주가 좋고 시원한 성격에 일도 잘하시는 재원이었다.

1944년에 아버지는 강화로 발령을 받고 오시게 되었다. 내가 7살, 언니는 9살이었다. 1945년 해방이 되고 나는 일학년에 입학을 한다. 온통 벚꽃이 흐드러진 운동장에서 뛰어놀다 들어오면 엄마는 산수문제를 손수 써서 내 주시고 답을 맞추면 채점도 하시며 공부를 시키셨다. 아버지는 해방이 되면서 35살에 교장이 되시고 우리 가족은 교장 관사에서 생활을 했다. 사계절 꽃잔치 벌이는 관사에서 나는 마냥 부모님의 사랑을 받으며 자랄 수 있었다.

1948년도에 찍은 마지막 가족 사진.

어린시절 동요란 동요는 다 부르면서 학교 주위를 다녔고 아이들을 모아놓고 「흘러간 삼남매」와 「백설공주」, 「헨젤과 그레텔」 같은 동화를 들려 주었기에 내 주위는 아이들이 항상 모여들었다. 언니와 나는 누구에게도 지지 않는 공부 잘하는 아이로 소문이 나고 차분하고 새침하며 얌전한 아이들이었다. 시험이 닥치면 밤새워 공부하고 졸리면 찬물로 세수를 하면서 노력하여 전교 1등 아니면 반에서 1등은 으레 차지하였다. 1949년 아버지는 강화읍 군청(교육청)에 장학사로 가시게 되었고 우리 식구는 읍으로 이사를 하였다.

그러던 1950년 동족상잔인 6 · 25의 소용돌이, 그 때는 교통수단도 열악한 섬이었다. 곧 3개월의 인공시절이 지나고 9 · 28 수복이 왔다. 아버지는 수복 전에 어디론지 집을 나가시게 되고 나는 12살이었지만 집안의 일거수 일투족을 알아야 하는 유별난 아이였나보다. 어느 날 어머니는 아기를 업고(1살의 남동생) 마당에서 아버지와 이별하시는 장면을 똑똑히 보았다. 그 때의 이별이 어머니와 우리들 6남매에게 마지막 이별이 될 줄은 누가 알았으리오. 그 때부터 우리에게는 불행이 시작되고 1951년 1 · 4후퇴의 시점에 돌이킬 수 없는 고난과 통탄의 세월이 시작되었다. 내가 1993년부터 가해자를 찾아 다닐 때 그들이 조금이라도 양심의 행동을 보였다면, 아니 인간은 양심과 비양심 양면을 타고난다 하는데 하물며 반세기가 넘은 지금 조금이라도 양심을 보였다면 그들을 나는 지면에서라도 대우를 할 것이지만 이 글을 쓰면서 솔직히 나는 있는 그대로의 감정으로 그들을 놈이라 칭하며 글을 쓰려 한다.

이승만 정권에서 대한청년단, 일민주의청년단, 청년방위군 등은 인공시절 지하에 숨었다가 9 · 28 후 활개를 치기 시작하였다. 어머니와 우리 6남매는 우선 건너 동네 친척집에 며칠 피신해 있다가 성격이 선선한 어머니는 “얘야 매도 먼저 맞는 놈이 낫단다.” 하시며 집으로 돌아왔다.

1. 고난의 시작

치안대에서 엄마와, 언니, 나를 끌고 갔다. 치안대 마당에 큰 우물이 있었는데 나를 거꾸로 들고 우물에 처넣으려 하였고, 엄마와 언니는 건물 안에 데리고 들어가 옷을 전부 벗기고 손을 내놓게 한다음 회초리로 때렸다고 언니는 말하였다.

치안대 놈들은 교사를 하던 놈, 아버지를 잘 아는 놈도 있었고, 그런 놈들이 우리를 고자질 했다. 아버지는 성격상 나쁜 일 안 하시고 교육계에서 묵묵히 일한 세월만 20년으로 대한민국이라는 국가에 봉직하셨다. 가해자를 만나 물었을 때, 그 사람은 교육자였는데 그렇게 잘못된 일을 하지 않았다고 하였다. 그런데 우리 가족은 아무 죄도 없이 6남매 기르면서 살림만 하신 어머니를 한 살 먹은 남동생과 같이 죽이다니 놈들은 인간의 탈을 쓴 악마요, 깡패요, 살인범이요, 가정파괴범, 시체유기범, 인생 압살범이다. 1950년 12월 22일에 치안대의 잔당들이 경찰의 비호를 받고 향토방위특공대라는 칭호로 조직 결성을 하고, 그 강령에 "부역을 하고 달아난 집 가족들의 동태를 살핀다."라고 해놓고는 12월 말경 우리 집에 복면을 한 세 놈의 기동대가 들이닥치더니 아기를 업고 마루에 있던 어머니를 끌고 갔다.

이 어린것들은 왜? 우리는 엄마 데려가면 안 된다고 아우성 칠줄도 몰랐다. 엄마는 "당신 나와." 하니까 "네 나요."하면서 동저고리 치마, 고무신 신은 채로 끌려 가시었다. 내가 약 15미터쯤 쫓아 나가니 그놈들은 나를 보고 들어가라 소리친다. 그리고 한참이 지났다. 멀리서 아기 우는 소리가 들렸다. 놈들이 아기만 데려왔다. 때리고 고문을 하려니 아기가 울었을 것은 뻔한 일 나와 언니는 아기를 교대로 업고 책상에 엎드려 자는 둥 마는 둥 했다. 그 책상은 아버지가 校舍를 늘려 지을 때 내가 3학년, 10살이었을 때 목수가 짜준 것이다. 지금도 간직하면서 그 책상에서 나는 글을 쓴다. 후에 "나의 책상"이라는 시를 써서 문단에 등단을 하게 되었다.

어머니가 끌려가신 후 우리 아이들은 어떻게 살았는지, 쌀 몇 톨에 물만 한 사발씩 먹은 기억이 난다. 1살짜리 남동생에게는 멀건 물이라도 먹일 수 없었고 , 그렇게 나는 동생을 업고 마을로 다니며 소문을 듣는다. 양조장으로 사람들을 다 끌고 갔다는 말도 들었다. 대장은 최중석이라는 것을 알았고, 그 이튿날 보리 깡다지밥을 해서 싸가지고 양조장에 갔지만 나는 무서워서 들어가지 못하고 돌아왔다. 그 때 왜 그랬는지 나의 행동에 후회가 되고 지금도 가슴이 쓰리기만 하다. 부모가 안 계시니 믿을 곳은 담임 선생뿐이라 생각하고 동생을 업고 찾아갔다. "엄마가 잡혀 갔어요" 하면서 도움을 청했지만 그 서슬에 누가 도와준단 말인가. 어느 친척도 와보질 않았다. 얼마나 시달리며 정신적 고통 육체적 고통을 당하시다 가셨을까. 미물인 짐승도 도살 직전에는 배불리 실컷 먹인다고 하는데 이놈들은 얼마나 때리고 굶겼을까를 생각하면 자다가도 벌떡 일어나 내가 어찌 편하게 잠을 잘 수 있으며 밥을 먹을 수 있단 말인가 하고 한 숨을 쉬기도 한다. 50년 후 나는 시인이 되어 첫 시집을 들고 담임을 찾아갔다. 전화를 하니 내가 왜 너를 모르겠냐, 아까도 네 생각을 했단다 하셨다. 양조장에 끌려갔던 많은 사람들은 거의 학살된 것으로 추측이 되고 곡물검사소로 이동할 때는 약 30명이었다고 곡물검사소에서 살던 소장의 아들 한상준(통신부장)은 말했다.

그 중에 여자도 15명 있었고, 우리 남동생 서유석이 그 동네에서 놀다가 곡물감사소 건물 창문으로 어머니가 불러서 가니 "너희들 시골 가서 쌀좀 얻어다 먹고 집에 꼭 있으라" 는 부탁을 하셨다. 올망

졸망한 아이들만 두고 붙잡혀 갇혀 있으니 심정이 어떠하셨겠는가. 그 말씀이 마지막 유언이 되었고, 내가 1살 먹은 남동생을 업고 밖에 나가니 우리 집 아래 골목에 사는 특공대 대원(신택균)이 아기를 엄마에게 데려다 주라면서 경찰서에 데리고 가서 내 등에서 아기를 떼어 데리고 들어갔다. 그 때도 나는 왜 엄마를 좀 보고 오질 못했나, 졸지에 그런 일을 당하니 무서움에 떨면서 바보들이 되었던 것 같다. 경찰이 1, 2일 사이로 후퇴함에 따라 경찰서를 장악하고 공권력 아닌 공권력을 휘두르며 독무대가 되자 학살의 행태는 줄을 잇게 되었고 경찰서에 갇혔던 많은 사람들은 옥계 갯벌과 갑곶 나루터에 10명씩 데리고 나가 갯벌에서 바다를 향해 세워놓고 학살했던 것이다. 그 이튿날 나가보니 전날 죽은 시신은 다 떠내려가고 없었다고 감찰부원이었던 김동환은 말했다. 이 내용은 1999년 7월호 말지에 증언했던 부분이다.

죄없는 사람들이 많이 죽었을 것이다. 당시 먹일 양식도 없고 해서 죽였노라고 엄마가 끌려간 후 어린 것들만 공포에 질려 있는 우리들에게 말했다. 그들은 낮에는 돌팔매로 창호지 문을 뚫었고 밤에는 기왓장을 마루에 던지는 것이었다. 특공대 놈들은 저녁에 장독대에 숨어 망을 보기도 했다.

이런 와중에도 이 어리석은 것들은 9살 남동생은 걸리고 6살 여동생은 언니가 업고 4살 여동생은 내가 업고 30리 고갯길을 걸어 큰집으로 갔다.

그 날이 1951년 1월 17일 큰집에 가니 큰어머니는 너희들 도로 집으로 가라며, 77세의 할머니에게 우리들을 데리고 가란다. 남동생은 그냥 두고 가란다. 나는 지금도 이해를 할 수 없는 것이 아무리 촌부라해도 분위기는 알 수 있을 터, 할머니와 계집애 네 아이는 나가 죽든지 하라는 것이었을까. 할머니는 우리를 데리고 약 십 리쯤 갔을 때 길에서 특공대에게 잡혔다. 할머니는 두 놈이 큰집 쪽으로 데려가고 우리들은 내가면 지서로 끌고 갔다. 가보니 약 30평 정도의 공간에 아주머니 아저씨를 잡아 가두어 놓았다. 하루 종일 찬 콘크리트 바닥에 꿇어 앉혔다가 저녁 6시경 끌어내 외포리 앞바다 지금 석모도 가는 선착장으로 끌고 가는데 우리는 맨 뒤에 서 있었다.

배를 기다리고 있던 중 바닷물은 시커멓게 출렁출렁 하였다. 그때 미리 배가 와 있었다면 나는 이 세상 사람이 아니었을 것이다. 하늘이 도왔는지 배표 파는 아저씨의 도움으로 우리 네 자매는 가까스로 살아 날 수 있었으나 할머니는 고개에서 학살되었다. 우리는 구사일생으로 일촉즉발 순간에 살아나왔던 것이다. 우리가 살 수 있었던 것은 억울한 엄마의 영혼이 살려주신 것일 것이다. 지금도 이 억울함을 밝혀야 하는 나는 어찌 분발하지 않을 수 있으랴. 그 억울함, 역사의 오점, 그리고 잘못된 권력이 진실을 왜곡하려 들지만 묻힐 수 없는 정의, 그 진실을 밝힐 수 있는 오늘이 찾아왔기 때문이다.

그 때는 무법천지. 손가락과 턱으로만 가르켜도 빨갱이가 되는 세상, 살인마가 아니고 공로자로 둔갑하는 세상, 빨갱이는 무엇이고 흰둥이는 무엇이냐, 理念은 무엇이고 思想은 무엇이냐, 얼마든지 탄탄대로를 걸으며 사회에 공헌할 수 있는 사람들을 빨갱이라는 멍에를 씌워 매장을 하고 그것도 모자라 긴긴 세월 벙어리를 만들고 귀머거리를 만든 이 악당들아 저주한다. 지금이라도 양심고백을 하라,

1951년 1월에 어머니와 할머니, 한 살 먹은 남동생이 희생되고 그 후 어김없는 계절은 비극을 아는 듯 모르는 듯 봄볕에 새싹이 돋아나고 생명을 노래하지만 우리 엄마는 왜 안 오시는 걸까. 사람은 한 번 가면 왜 못 오는 걸까? 저녁 어스름 청솔 가지에서 소쩍새가 구슬피 울어대고, 밀거적에 쏟아지는 별빛도 여전하고, 촌부의 넋두리만 귓가에 들릴 뿐 다정했던 나의 엄마는 정말 떠나셨단 말인가. 큰집에도 치안대들이 와서 식량을 빼앗아 갔기에 우리들은 밀기울과 고운 겨로 개떡을 찌고 풀떼기를 쑤어 연명할 수밖에 없었다. 4살짜리 동생은 저녁마다 울어 사촌오빠들에게 천덕꾸러기가 될 수밖에 없었다. 나의 안타까움이란 6살 여동생이 그나마도 먹지 못하고 서서히 병들어 가고 있었고, 큰어머니는 입 하나라도 덜려고 언니를 어느 시골 양딸로 주었다. 그래서 실상은 내가 소녀 가장이 되어 두 동생을 돌볼 수밖에 없었고 남동생은 오촌 당숙집에 맡겼다. 지금은 소녀가장이면 사방에서 도움을 주고 격려를 아끼지 않는데, 그 때의 우리 처지는 철저히 정체성도 없는 대한민국에서 버려져 있었다. 15살이 되던 해 8살이던 여동생이 추석을 며칠 앞두고 내 앞에서 숨을 몰아 쉬었고 나는 그 어린 나이에 동생의 죽음을 보아야 했다.

같이 나물캐러 가면 산 아래쪽에서 아픈 몸이었지만 한바가지 고사리를 뜯어놓고 내가 산 위에서 내려오기 기다렸던 내 동생 대견한 내 동생 민숙아! 언니는 안 잊을 것이다. 엄마가 계셨더라면 네가 죽지도 않았을 것을, 엄마만 살아 계셨다면 판자집은 어떠하며 움막은 어떠하였으리. 적극적이던 우리 엄마 갖은 고생은 하시더라도 자식들을 다 떳떳하게 기르셨을 것이다. 하지만 부모 없는 설움만 탓

할 수만은 없었다. 하나 남은 여동생과 나를 또 어떤 집에 보내려고 큰어머니는 작전을 폈다. 나는 여동생을 고아원에 맡기고 1954년 16살에 여객선을 타고 무작정 상경했다. 누가 반겨 주지도 않고 누굴 찾아 갈 수도 없는 험한 세파를 헤쳐가야 하는 고생길, 그러나 훌륭하셨던 부모님 생각을 하며 명예를 더럽혀서는 안 되기에 나는 두 주먹은 불끈 쥐고 맹세를 하였다. 어느 여선생님이 찾아와 서울에 가서 공부도 하고 훌륭한 사람이 되라며 언니와 나에게 조언을 해 주었다. 나는 철이 없어 그 고마운 선생님 이름을 기억하지 못한 것을 지금도 후회한다. 아마 아버지에게 은혜를 받은 분이었으리라.

막내 여동생을 고아원에 데려다 줄때의 정경은 또 하나의 쓰라림이었다. 나는 동생이 쫓아올까 봐 언니 하며 부르는 소리에도 전봇대에 숨어 한참을 보냈다. 고아원이라는 곳이 미군부대에서 나오는 물자는 전부 팔아먹고 깡보리밥에 새우젓을 찌끄려 주는 밥인데 그것도 하루 한 끼였고 내가 서울에서 직장을 다니다 가끔 찾아 갔을 때 동생의 다리는 새다리 같았고 영양실조로 배만 뽈록 나와 있었다. 나는 서울 청파동에 있는 자매원에 몸을 의탁하고 그 곳에서 중학교 과정을 배웠고 복자수녀원에 다니면서 천주교 신자가 되었다. 수녀님의 도움으로 내과의원에 취직을 하고 사회의 첫 발자국을 딛게 되었다. 저녁에는 천자문을 놓고 한문 공부를 하면서 조금도 시간을 헛되이 하지 않았다. 꼭 밤이면 페이지를 정해 놓고 공부 하였다. 이 때부터 독학의 시작이었다.

홀로서기 위해 굳건한 의지를 갖고 지금부터 시작이다. 병원에서 받은 작은 월급으로 언니를 노라노 양재학원에 보내서 재단사로 만들어 놓고 우리는 서울에 방을 얻어 자취를 시작했다.

시골에 있던 남동생을 데려다 중학교에 보냈다. 중학교를 마치는 동안 열악한 생활에 시달리며 밥도 제대로 먹이지 못하고 멀건 수제비국으로 연명하였다. 동생은 공부를 잘하여 반 장학금을 탔지만 나머지 학비를 대기가 어려웠다.

2. 연좌제의 탄압

동생이 고등학교 일학년 때인 1961년이었다. 쿠테타로 정권을 잡은 박정희는 우리 남매들을 탄압하기 시작하였다. 내 직장에서도 사장에게 얘기하여 쫓아냈다. 사장은 네가 일을 못해서가 아니라 내가 무슨 소리를 들어서 그런다 하시면서 돈을 좀 많이 주셨다. 그 분은 천주교 신자에다 아주 좋은 분인데도 어쩔 수 없었다.

동생 학교에도 경찰이 찾아가 이야기하고 부터는 동생이 왕따를 당했다. 누나들 걱정할까 봐 그런 고통도 얘기 안 하던 나의 동생. 박정희 정권은 반공을 국시로 하고 유족들을 두 번 세 번 죽이지 않았던가. 내 동생 서유석, 공부 잘하고 착실한 내 동생은 1961년 6월 24일 반공교육을 받고 집으로 돌아오다 한강 샛강에서 익사체로 발견되었다.

익사한 사람이 물을 한 모금도 안 먹었다니 말도 안 된다. 그 사인은 지금도 밝히지 못하고 있다. 그 때 내가 너무 철이 없고 순진하여 사건의 진실을 밝히지 못한 채 울기만 하였다. 언니는 식음을 전폐하고 인생을 포기하고 있을 때 언니를 성당으로 인도했는데 딸을 수녀로 만들고 지금도 신앙에 철저히 하며 평안히 살아가고 있다.

이 때 나는 강하게 인생의 길잡이를 찾아 정도를 걸으며 굳은 의지로 돌처럼 강철처럼 살아가게 되었다. 나의 인생에 있어 어떤 역경과 고난이 닥쳐도 헤쳐나갈 자신감과 당당함 속에 삶에 대해서 울어본 적이 없다. 하지만 부모님에 대한 기억, 지난 시절의 아픔을 생각할 때에는 슬픔과 서러움에 나락으로 떨어져 버린다. 서쪽을 쳐다보며 노을 시를 쓸 때도 손자를 키우면서 부모님 생각에 울어본 적이 한두 번이 아니었다. 아무리 탄압을 하고 직장에서 쫓아내도, 이사가면 집주인에게 쫓겨나는 삶이어도 이겨 낼 수 있었다.

3. 원수를 찾아서

서슬퍼런 시절 19살이었다. 때는 1957년 처음으로 강화에 가서 최중석을 찾아 다니며, 어디에 살며 어느 직장에 다니는가를 그 딸의 이름을 알아놓고 사는 동안 1972년 7월 12일 중앙일보에 최중석이 사람을 죽였다는 기사를 보았다(민족의 증언). 1993년 내 주위 상황은 오직 억울한 분들을 위해 일할 수 있는 여건이 마련되었고, 움츠렸던 마음을 가다듬어 이 한을 어떻게 하든지 물어야 하고 원인을 알아야 하고 가해자를 만나야 하고 모든 역할을 기록으로 남기기 위해 활동하기 시작했다. 저주의 땅 강화지만 우선 그 쪽으로 들어가야 한다. 우선 최중석의 집으로 언니, 고모, 나 이렇게 3명이 찾아갔다.

처음에는 괴로웠던지 줄 담배만 피우고 전면 부인하기 바빴다. 여기서 포기할 수는 없는 일, 강화 김동환을 찾아 학살 사례를 듣고 혼자만 가슴앓이 하다 1999년 7월호 말지를 통해 보도 되었다. 그것을 계기로 본격적인 활동에 진입, 2000년 8월에 범국민위원회 창립되고 더더욱 가열차게 활동을 시작했다. 이미 가해자 최중석, 감찰부장 박용중, 감찰대원 김동환, 박창성, 기동대에서 통신부장이었던 한상준, 조기수, 서북청년단이었던 특공대 하점지 대장 등 여러 가해자의 주거지를 확보했다. 하지만, 그보다 우선 유족들을 찾아야 했고, 가해자를 통해야겠다고 생각해서 김동환에게 물었다. 3명의 피학살자를 확보하고 수소문했지만 우리들과 마찬가지로 가족들을 다 죽이고 아이 하나 남았는데 어디 가서 사는지가 막막할 따름이었다. 강화성당을 찾아가 친척들과 우리 형제 성당 신자들과 첫 위령제를 지냈다. 위령제 소식이 지역신문과 대한매일신문에 보도되기 시작하자 각 방송사, 신문사 인터넷 신문에 나갔으나 유족은 나타나지 않았다. 그 때 미사를 해달라고 신부님께 간청했을 때 신부님이 거절하셨다면 나는 그 때 희망을 잃었을 것이다. 정인화 신부님께 한없는 고마움을 느낀다. 가해자들은 강화도수호회니 국가유공자회니 하면서 간판을 걸어놓고 대로를 활보하며 잘 살고 있었다.

그들은 동네 사람을 아무 죄도 없는 비무장 민간인을 재판도 없이 죽여놓고 일말의 양심도 없는 무뢰한들, 야만인들이다. 양심고백을 한다면 화해할 수도 있을 것이다. 그러나 그 사실을 왜곡하고 합리화시키려 버틴다면 절대 용서할 수 없다. 아니 돌아가신 원혼들이 용서치 않을 테고 하늘이 무심하지 않으리라. 가열찬 법투쟁을 해서 2005년에 법이 통과되고 진실화해위원회가 생겼다. 2007년 과거사위원회에서 강화본도 129명, 교동도 183명 합 322경이 억울한 죽음을 당했다고 조사 결정이 내려졌다. 나는 2011년 6월 중앙지방법원에 20명과 함께 소송을 하여 일부 승소하였고, 그 뒤로 강화군청에서 322명의 위패를 새겨 위령공간을 만들어 주었다. 어머니의 시비도 잔디 위에 옮겨 모셔 놓았다. 우리 유족들의 고난의 삶, 한 많은 세월이 조금은 치유가 되었을까.

법투쟁의 긴 세월 고난

범국민위와 같이 했던 긴 투쟁, 우리 유족들은 실망과 좌절을 거듭해야만 했다. 거리에서의 노상농성, 여의도 칼바람도 우리 의지를 꺾지 못하였다.

당사 앞으로 전진, 전진을 외쳐 대었다. 2005년 5월 3일 미흡한 법이나마 우리 억울함을 풀 수 있는 토대가 마련되었다. 고난의 얼었던 역사, 슬픔, 통탄의 세월을 새기고 살았던 유족들, 이제는 멍든 가슴에 밝은 햇볕이 가득하기를 바라며 희망을 가져 본다.

얼마나 고문받고 돌아가셨을까? 이 야만의 살인마들. 그 살인대장은 2009년 8월 3일에 죽어 현충원에 분골로 들어가 있다. 보훈처의 결정도 엉터리이고 그 당시 전투도 없었고 집에 가만히 있는 비무장 가족만 데려다 죽이고, 유공자로 현충원에 들어가다니, 약자를 눌러야만 한단 말인가. 이 나라 보훈처의 심사기준은 양민학살한 인간이 유공자가 되는 엉터리였다. 지금 살아 있는 가해자들은 명예회복

시켜달라고 각 기관에 청원서를 넣고 있다. 인간은 태어나면서 선과 악을 가지고 태어난다. 지금이라도 선을 행하고 사과하고 진실을 말한다면 억울한 피해자들이지만 화해할 수도 있겠다. 그러나 그들은 인면수심이요 비양심의 도가니이다.

- 2005. 1.29.

진실화해위원회 창립

진실화해위원회 창립

2005년 12월 1일에 진실화해위원회가 창립되었다. 강화 사건은 2006년에 조사개시가 내려졌고, 2008년 7월 17일에 강화 본도, 석모도, 주문도에서 139명의 억울한 죽음이 있었다는 결정이 내려졌다. 하늘도 무심치 않았다. 억울한 영혼들이 얼마나 구천을 떠돌았기에 이런 결정이 내려졌을까. 영혼들이여, 맑은 하늘 푸르른 대지가 춤을 추는 이 곳으로 오십시오. 보고싶은 엄마! 내 한 살짜리 남동생아! 어디에서 유골이나마 만날 수 있으랴. 불쌍한 엄마! 남동생아!

꿈에도 그립고 보고 싶은 사람들. 이 내 인생이 끝날 때까지 어이 잊으랴. 이 비극 동방예의지국이라는 민족성은 어디로 가 버리고 그런 무지한 인간들에게 우리 인텔리 엄마를 빼앗기다니 이 통탄 어이하랴. 세월은 흐르고 시간이 지나 2009년 3월에 교동도에서도 182명이 희생이 있었다는 사실을 진실화해위원회에서 발표하였다.

이리하여 강화 전역에 희생자로 규명되어 결정된 수는 322명이다. 그러나 한성대 전쟁과 평화연구소의 용역조사로는 1,300내지 1,400명이라는 결과가 나왔다. 해변 학살지에는 누가 죽었으며 정확히 몇 명이 죽었는지 추론만 할 뿐이다. 강화경찰서 200여 명, 돌머루 289명, 산이포 20여 명, 외포리 나루터 30여 명, 월곶포구 · 철산포구 100여 명, 옥계갯벌 60명, 갑곶나루터 60여 명, 사슬재 150여 명, 교동도 안개산 50명 등, 그 밖의 교동 나루터에서 수도 없이 죽어간 우리의 어머니, 아버지, 오빠, 언니, 아기들 왜 무슨 죄명으로 죽어야 했는지를 이제 밝혀야할 때가 되었다. 정부차원에서 국가기관에서 죄 없는 억울한 죽음이었다고 결정을 내렸기에 중간계와 구천을 떠돈 원혼들은 이제 밝은 대지로 오십시오.

'추모제와 고유제를 지내며 당신들을 위로합니다.' 진실화해위원회에서 결정을 본 후 나는 엄마와 우리 남동생 호적을 정정하였다. 그 때 나마저 이 세상 사람이 아니었다면 오늘날 이 영혼들을 누가 위로해 줄까. 호적정정 과정에서 엄마의 사망 날짜를 알기 위해 한상준을 진실화해위에서 만났다. 그러나 그 전보다 더 거짓말만 늘어놓는다. 진실을 말하면 화해하겠노라 해도 그저 모르쇠로 일관한다. 한상준은 우리 엄마가 어느 장소에서 어느 날 살해됐다는 것을 알고 있지만 말을 안 한다.

이제 80여 세의 나이에 양심고백하고 가야 하지 않을까. 우리 자녀들은 살아 있는 생명도 연좌제에 묶여 피고 싶어도 피지 못한 꽃이었다. 그 똑똑한 수재들은 그대로 비극의 바닷물에 침몰되어 헤어날 수 없었던 처절한 세월과 흘러간 시간들이여, 내가 그 당시 남동생 서화석을 강화경찰서로 데려다 준 날을 안다면? 너무 무서워 움츠리고 정신이 없어 그 날을 기억하기 어려운 것이 후회스럽다. 어리고 순진한 아이들, 어느 친척 하나 들여다보지 않고, 밥 한 끼를 갖다 주지 않았다. 우리 엄마는 어린 것들만 올망졸망 집에 놓고 졸지에 붙들려 왔으니 그 마음 녹아내리고 얼마나 많은 고통 속에, 슬픔 속에 견디셨을까. 나는 자나깨나 한시도 어머니와 동생을 잊어본 적이 없다. 자다가도 깨어나면 생각은 '아니다 내가 이 일을 해결하려면 건강해야 한다.' 하면서 또 잠을 청하기도 한다.

산은 막히고 강은 흐른다

산은 막히고 강은 흐른다

입법이 되고 억울한 죽음이었다고 밝혀진 후 위령사업 권고사항에 의해 강화군청에서 위령공원을 만들어 주었다. 추모비 건립위원회가 창립되고 3년에 걸쳐 노력하고 활동한 결과였다.

민예총 강신천 선생이 디자인하여 322명의 위패를 깔고 상석의 글씨는 신영복 명예교수님이 써주시고 비문은 김동춘 교수께서 써 주셨다. 넓지는 않아도 유족들이 찾아와서 슬퍼하고 위로를 받고 한을 풀 수 있는 공간이다. 2011년 10월에 완공하여 10월 14일 위령제를 지내고 다시 2012년 5월에도 의미 있는 그 곳에서 위령제를 지냈다. 이렇게 강화위령제는 13번째 지내왔던 된 것이다. 의미 있는 사회단체와 우리 문인단체들이 방문하여, 내게 뜻있는 일을 잘 했다고 격려의 말씀을 해 주셨다.

조금이나마 위로를 받을 수 있는 공간이 생겼다는 것에 흐뭇함도 느낀다. 부모님 보고 싶을 때 가서 울 수도 있고 내 불쌍한 한살짜리 남동생을 화석아! 하고 부를 수도 있게 되었다.

2011년 10월에 건립된 한국전쟁중 강화지역 민간인 희생자 추모비. (신영복 교수님 글씨)

이 곳은 교통이 열악하여 강화읍에서 또 온수리 버스를 타야 하고 자가용으로는 초지대교를 건너면 빠른 거리이다. 우리 원로 선생님들 여덟 분은 꼭 오신다.

감사할 따름이다.

나는 322명에 대한 위로의 시를 써서 낭송했다. 가해자들은 지금도 특공대전우회라고 간판을 내걸고 피해자들을 우롱하고 있다. 우리 유족 10명은 사법부에 소송을 신청하였고, 2012년 11월 9일 1심 결심재판에서 억울한 죽음이었다고 판결을 내리고 유족 9명에 5억 3천만 원을 지급하라고 민사 32부의 서창원 판사가 판시하였다.

재판 과정에서도 가해자들은 온갖 거짓말로 일관했다. 2011년 1월호 월간 말지에 보도한 것을 보면, 피고들은 월간 조선을 발췌

해 서면 제출하였다고 나와 있다. 나는 일일이 그 거짓된 내용을 반박하는 탄원서를 써서 제출했다. 이 책은 제 1호 탄원서와 제 2호 탄원서를 수록하기도 했다. 그리고 2012년 11월 23일 우리는 항소 접수하였다.

우리 헌법 10조에는 모든 국민은 인간으로서의 존엄과 가치를 가지며 행복을 추구할 권리가 있고 국가는 개인이 가지고 있는 불가침의 인권을 확인하고 이를 보장할 의무가 있다고 선언하고 있음에도 가해자들은 한 사람도 안 죽였다. 그런데 이제 와서 그러느냐고 오히려 큰소리 칠 때는 정말 분노가 부글부글 끓어올랐다. 어려서 부모 잃고 어떤 말도 할 수 없었던 세상을 우리들이 어떻게 살아 왔는지 그들은 모른다. 한 사람도 안죽였다면 국가기관에서 조사해 결정된 322명은 허위란 말인가. 허수아비가 죽었단 말인가. 이렇게 산 증인이 있는데 어쩜 그렇게 시커먼 양심을 꺼내놓고 살 수 있는지 짐승 같은 인간들이 아닐 수 없다.

- 2011.

10대의 트라우마

10대의 트라우마

3월중 동아일보에 박근혜의 트라우마란 제목으로 오피니언에 쓴 글을 보았다. 물론 부모를 비명에 잃었으니 그럴 만도 하겠다. 그러면 우리 한국전쟁 유족들은 10대에 부모를 잃고 61년의 세월을 핍박 받으며 한을 안고 살아온 트라우마는 어쩌란 말인가.

인생을 펴지도 못하고 죄 없이 비명에 가신 가족들을 한시라도 잊을 수 있었던가. 생각할 때마다 불끈불끈 저미는 가슴에 잠을 못 이루고 울분에 방바닥을 치면서 내 자신을 위로할 때가 한두 번이 아니었다.

내 어머니와 한 살의 남동생, 그리고 할머니 아무런 죄 없는 정말로 양민이다. 나는 독서가 큰 취미여서 "상처 입은 영혼의 편지"를 (안네의 일기보다 더 많은 유럽인을 감동시킨 홀로코스트의 생생한 증언)읽었다. 내용은 유대인인 어머니에게 애절한 편지를 비밀리에 보내는데, 어머니의 답장도 간간이 받을 수 있었으며 음식과 옷도 보낼 수 있었다는 것이다.

이 책을 읽으며 마음 속 저 깊은 곳에서 자책감과 비애가 끓어오른다. 나의 어머니가 강화경찰서에 갇히어 계실 때 우리 자매들은 무엇을 했단 말인가.

언니가 14살, 내가 12살이었다.

어머니에게 밥 한 번, 옷가지도 하나 갖다 드리지 못했다. 온통 굶으며 고문을 받고 돌아가신 생각을 하면 내가 어찌 밥을 먹고 잠을 잘 수 있단 말인가. 무슨 죄가 있기에 끔찍한 고문을 받고 비참하게 돌아가시어 시신도 거두지 못했단 말인가. 61년이 된 오늘 이 나라 공권력에 자행된 이 비참한 참상을 국가는 오늘에 이르러 진정한 대답을 해야 할 것이다. 지금까지 20년을 오직 강화 사건을 위해 활동하므로써 조금은 풀린 것이 있지만 아직도 나는 할 일이 많다. 어머니와 아버지의 유품을 사료관이 생긴다면 전시하여 후세들이 현대사의 비극을 눈으로 보고 인지하면서 역사교육, 평화교육을 받을 수 있도록 증거를 남겨야 할 것이다.

내가 이 세상을 떠날 때 심장 깊숙한 곳에 있는 한을 꺼내 풀어 버리고 우리 유족 1세들이 할 일을 마무리했으면 하는 바람이다. 다시는 우리 후손들에게 이런 비극은 없어야 하며 평화로운 나날을 살아가며 역사를 바로 세우고 왜곡된 것을 청산하여 모든 슬픈 선조들의 얼을 되새기도록 정의로운 사회를 만들고 즐거움이 넘쳐 흐르는 세상을 만들어야 할 것이다.

- 2012년 3월

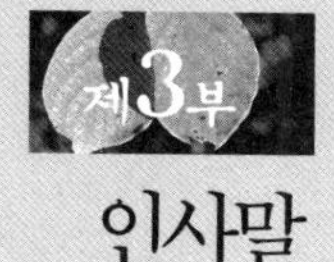

인사말

인사말 · 1

인사말 · 1

지금으로부터 50년 전 1월과 2월 하늘이 울고 땅이 꺼질 엄청난 사건이 있었습니다. 그 끔찍한 사건은 반세기를 넘어 이제 새천년을 맞았습니다. 아무 잘못도 없고 영문도 모른 채 끌려가 감금당하고 학살당한 영령들을 위해 내왕하신 귀빈 여러분께 뜨거운 감사의 말씀을 드립니다. 교통수단도 최악이었던 그 당시에 가족들은 고도에 갇히어 공포에 떨면서 죽으로 연명하며 살아야 했습니다. 그것도 모자라 향토방위특공대들은 아무 죄도 없는 가족들을 연행하여 경찰이 1월 2일 후퇴한 후 통신장비와 무기를 인수하고 법적 절차도 없이 무작위로 사살한 것입니다. 염하가 흐르는 탁류에 수장하고 야산에 유기하였습니다. 차마 인간의 탈을 쓰고는 저지를 수 없는 일입니다.

저의 아버지는 사범학교를 나오신 후 교육계에 20년을 봉직하셨습니다. 당시는 강화교육청 장학사이셨습니다. 어머니는 개성 호수돈여고를 나온 인텔리였습니다. 어머니는 6남매를 데리고 살림만 하신 현모양처이셨지요. 어머님이 그렇게 억울하게 가신 후 저희 5남매는 천애의 고아가 되어 이 험난한 세파를 거쳐야 했습니다. 50년 긴긴 세월 벙어리가 된 채 속으로 삭이고 상처를 묻고 살아야 했습니다. 4살, 6살, 9살, 13살, 15살 먹은 자식들을 얼굴 한 번 못 보고 이름 한 번 불러보지 못하고 어찌 가셔야 했단 말입니까.

무서워 어머니가 감금되어 계신 곳에 접근도 못하고 따뜻한 도시락, 털스웨터 하나 들여보내지 못한 이 철부지 자식들을 용서하소서. 지금 우리는 암울하고 처참한 동족상잔의 세기를 넘어 남북정상이 만나고 육일오 공동선언이 발표되고 금강산 관광, 이산가족 방문, 편지 교환에 들어가고 있는 이 때에 양민학살 문제도 해결 되어야 하며, 남남간의 선입견을 해소하고 한 많은 상처에 몸부림치는 가족들의 치유가 선행되어야 할 것입니다. 어찌 맑은 하늘에 찬란한 햇빛 소슬하고 부드러운 바람이 부는 이 천지에 이런 일이 있을 수 있단 말입니까.

이 분들을 최소한 단심이라도 거쳤다면 정말 죽어서는 안 될 사람들이었습니다. 아! 하늘이 울고 땅이 꺼질 통탄이여……. 평화롭고 자애로운 가정 가정을 송두리째 뽑아놓은 그들은 가정 파괴범입니다. 전시라고는 하지만 전방에서의 정당방위가 아니면 사람을 죽일 수 없는 것입니다. 고도의 섬에서 나가지도 못하고 공포에 떨고 있는 사람들에게 공권력 아닌 공권력을 휘둘렀고 사람 목숨을 파리목숨보다 더 못하게 학살하는 데 혈안이 되어 있었습니다. 저는 77세의 할머니와 39세의 어머니, 한 살짜리 남동생을 잃었습니다. 나는 잊을 수가 없습니다. 아니 잊혀지지가 않습니다. 이 나라가 진정 민주국가이고 국민을 위한 국가라면 어찌 갈갈이 찢긴 상처를 안고 사는 사람들을 외면할 수 있단 말입니까.

억울한 누명은 벗겨 주어야 하며 살아 있는 유가족들에게 귀를 기울여야 합니다. 다시 한 번 이 자리에 참석하신 내빈께 감사드리며 두서 없는 인사말을 이로써 가름합니다.

감사합니다.

- 2000년 1월 6일 제 1회 위령제에서

인사말 · 2

인사말 · 2

무심한 시간은 흐르고 흘러 어언 53년이라는 긴 세월을 한과 슬픔을 간직한 채 오늘도 괴로운 생존을 확인하면서 우리 유족들은 살고 있습니다.

온 세상 만물이 생동하고 봄을 찬미하는 각종 꽃들이 용솟음치는 이 찬란한 계절에 어이하여 우리들은 가신 님들을 잊지 못하고 그 아픈 기억을 떨쳐 버리지 못하는 미욱함으로 살고 있을까요? 어떤 법적 절차도 없이 무조건 끌고 나와 살인한 그들을 어떻게 용서할 수 있겠습니까? 잃어버린 이름들이 생각날 때 밤잠을 설치고 고개를 저으면서 "생각하지 말고 어서 자야지. 내일의 투쟁을 위하여" 하면서 위로하고 있습니다.

무력하고 순진한 사람들에게 무슨 죄가 있기에 당치도 않은 오명을 덮어 씌워 그 존엄한 생명을 빼앗은 그들, 그 살인마들이 아직도 대로를 활보하고 정당한 일을 한 것인 양 깨닫지 못하고 있습니다. 이 섬 지역에 검은 파도 출렁이는 해안가에 수많은 주검들, 영문도 모르고 끌려나와 그 당시 파 놓은 전호 속에 들어가라면 들어가고 줄을 서라면 서고 무법의 총칼 앞에 오직 떨면서 가셔야 했던 그분들, 우리 후손은 잊지 않을 것입니다. 아니 잊어서도 안 되고 방임해서도 안 되고 모든 열정을 동원하여 투쟁해야 합니다. 우리가 살고 있는 이 시대, 이 시점은 그릇된 일을 바로 밝혀야 하며 왜곡된 역사 오염된 과거를 청산해야 합니다.

6.25 동족상잔의 아픔을 모르고 있는 후손들을 위해 반드시 교과서에 올려 깨우쳐야 하며 의식 있는 모든 분들이 분연히 일어나 과거의 잘못을 바로 잡아야 하고 정의의 불꽃을 일으켜야 합니다. 진정한 아픔을 아무도 모르는 채, 알고도 무심한 채, 오십삼 년이라는 시간 살인정권 이승만, 두 번 죽인 군사정권, 문민정부 김영삼, 국민정부 김대중 정부들이 방관한 채 유족들의 한은 또 쌓이고 쌓여 왔습니다.

이대로는 안 됩니다.

국민참여 정부 오늘의 정부는 꼭 억울한 과거를 청산하고 앞으로 그런 일이 다시는 일어나지 않도록 하여야 합니다.

온 전국 방방곡곡에 묻혀 있는 유골들, 하염없이 떠내려간 억울한 주검들, 우리는 기억합니다. 그리고 부르짖습니다. 통탄합니다. 오직 정의는 이길 것을 믿고 있습니다. 엄청난 외세의 막강한 힘에 눌려 분단 장벽이 생기고 또한 억울한 목숨들이 저당 잡히고 제물이 된 오늘, 어찌하여 민주국가이며 국민의 정부, 법치국가라고 주장하는 이 정부가 아무 말이 없습니까.

(……)

저의 네 자매만 구사일생으로 살아 남았습니다. 배가 와 있었다면 나는 이세상 사람이 아니겠지요. 잡아다 놓았던 약 30명은 모두 학살당했습니다. 지금도 TV에 보도되는 소년소녀 형편상을 보도할 때는 나도 모르게 눈물을 흘립니다. 그 소년소녀 가장의 형편은 우리 자매의 형편보다 월등히 나은 것입니다. 복지가가 도와주고 주위에서도 관심을 가질 수가 있지만 그 때 우리는 "너희들은 죽어도 된다"라는 경시 아래 어떻게 살았는지 모릅니다. 한 가정을 파괴한 가정 파괴범. 전범은 시효가 없다고 하는데 국민의 재산과 생명을 보호한다는 이 정부가 과연 국민의 정부이며 민주주의 국가란 말입니까. 제가 힘이 없다고 무너질 때, 여기 계신 내빈 여러분께서 많은 격려와 아낌없는 후의를 베풀어 주실 것을 굳게 힘차게 믿겠습니다.

두서 없는 인사말을 이것으로 줄이며 다시 한 번 이 자리에 함께 하신 내빈 여러분께 진정으로 감사의 말씀 드립니다. 감사합니다.

- 2001년 4월 7일

인사말 · 3

인사말 · 3

바쁘신 중에도 이렇게 찾아 주시니 무어라 감사의 말씀 올릴 길 없습니다. 우리 유족들은 54년 전의 아픔과 슬픔을 무엇으로도 달랠 길이 없습니다.

평화와 화해를 갈구하는 이 시점에서 특별법을 제정하여 오랜 고통과 슬픔을 달래고자 모든 정력과 시간과 염원을 동원하였지만 16대 국회에서 너무 큰 좌절을 맛보았고 2004년 총선에서 열린우리당에 힘을 실어주고 의석을 주었던 우리 유족과 국민들은 실망을 하지 않을 수 없었습니다. 희망을 가졌던 17대 국회에서도 우리의 소원은 이루어내지 못하고 양당의 반대와 여당의 야합으로 말미암아 2004년 12월 31일 좌절했고 다시 2월로 미루어졌지만 또한 상정조차도 하지 않았습니다. 이 불쌍하고 억울한 사람들 구천을 떠도는 영령들에게 그렇게도 야박할 수가 있는 것입니까.

국민을 대표하는 국회의원님들이 눈물 젖은 빵의 맛을 어찌 알겠습니까. 통탄에 젖어 제대로 된 인생을 살지 못한 처절한 비탄을 어찌 알겠습니까. 그러나 이번 사월에는 꼭 법을, 꼭 법을 제정하시어 오랜 세월 흘린 눈물을 닦아 주시고 정착하지 못하고 중간계에 떠도는 영령들을 위로해 주십시오. 우리는 해방과 더불어 기쁨도 잠깐 국토는 두 동강이 나고 통일을 염원하는 계층은 사라져 갔고 많은 탄압을 받았습니다. 이제라도 과거 청산을 철저히 하고 진상규명을 하여 다시는 이런 비극이 이 땅에 존재할 수 없도록 해주십시오.

일제 청산이 이루어지지 않았기에 일본은 독도를 자기네 땅이라고 합니다. 이런 계기로 우리 국민은 더더욱 잘못된 역사를 청산하고 밝은 미래를 향해 힘써야겠습니다. 학살의 무덤 위에 세운 정당성 없는 이승만 정권은 많은 인명을 살상하였고 쿠데타로 이룬 군부정권은 유족들을 탄압하고 피학살자를 두 번 죽이는 과오를 저질렀습니다. 문민정부, 국민의 정부도 우리의 염원을 외면했을 뿐입니다. 지금의 참여정부야말로 꼭 과거청산에 박차를 가해야 될 것입니다. 4월 임시국회에서는 꼭 관련법 제정을 통하여 진상규명을 하고 오욕된 역사를 바로 세워야 할 것이라 믿으며 두서 없는 인사말을 이만 줄입니다.

다시 한 번 감사드립니다.

- 2003. 4. 12.

인사말 · 4

인사말 · 4

바쁘신 중에도 참석하여 주심에 감사드립니다.

55년 전에 일어났던 엄청난 학살을 우리는 잊지 못할 것입니다. 노인, 부녀자, 어린아기들은 아무 죄도 없이 그냥 공포에 떨면서 하루 하루를 연명하며 살아가던 가족들이었습니다. 졸지에 불어닥친 전쟁의 참화 속에서 숨도 제대로 못 쉬고, 누구 하나 만나지도 못하며 그저 산 목숨이니 죽지 못해 그날 그날을 지내 오던 중 향토방위특공대라는 불법단체 야만인들의 무차별한 만행에서 헤어나지 못하고 가신 불쌍한 영령들이시여!

교통도 원활하지 못했던 그 당시 피난도 못 가고 고도에 갇혀 차마 이런 비극이 있을 줄 꿈에도 상상못할 만행이었습니다. 존엄한 생명을 빼앗긴 1951년 1월에서 2월 사이 강화 본도와 또 작은 섬 교동과 삼산에서는 형언할 수 없는 엄청난 학살이 이루어졌던 것입니다. 속속 드러난 억울한 죽음은 약 400~500명에 가까운 인명들이 희생되었습니다.

야산 구덩이에 또는 각 해안에 패대기쳤던 억울한 죽음의 통한을 어찌 호소해야 합니까. 무엇보다 소중하고 존엄한 생명, 아무 법 절차도 없이 야만인의 손에 쓰러져간 영혼들, 반세기가 넘고도 몇 년이 흘러간 오늘날에도 해원의 실마리를 찾지 못하고 울고 있습니다. 하지만 아무 죄도 없는 양민들, 어린 생명, 억울한 많은 죽음은 밝은 햇살과 살아 있는 우리들의 미욱하지만 끝없는 염원과 소망으로 하늘이 도울 것입니다. 속속 드러난 학살, 가슴앓이와 분노, 괴로움과 슬픔 속에서 한시도 잊지 못할 사랑하는 부모 형제들, 죄는 죄대로 가고 선은 선대로 부활할 수 있는 날들이 꼭 오리라 믿습니다.

어김없이 찾아오는 찬란한 봄, 푸르름을 선사하는 여름, 결실의 가을 춘하추동의 순환 속에서 영령들이시여, 천추의 한을 접으시고 이 땅에 살아 있는 유족들의 염원을 살펴 주시옵소서. 일 년 중 가장 추운 1월에 동저고리 바람에 우는 아기를 업고 또는 절름거리는 여인을 갑자기 불러내 논바닥과 산골짜기 수많은 해안으로 끌려다니다 죽임을 당한 원통한 영령들이시여! 강화경찰서 찬 바닥에 꿇어앉히고 창고 가득 가득 구금되었다가 홀연히 가신 분들이시여! 우리는 잊지 않습니다. 아니 잊을 수가 없습니다. 이 고통의 민생고를 외면한 채 밥그릇 싸움에 급급한 정치인들, 부도덕하고 반인권적인 정치인들을 우리는 용서할 수 없습니다. 묵과할 수 없습니다. 유족들이 생명 다하도록 정의와 오욕의 역사청산에 모든 의욕과 열정을 다 쏟을 것입니다. 아직도 시대의 흐름을 인식하지 못하고 있는 보수단체와 살아 있는 가해자들은 큰 공이나 세운양 착각하고 있습니다. 정의는 살아 있고 거울과 같은 역사는 바로잡힐 것입니다. 내빈 여러분께 다시 한 번 감사의 말씀을 올리며 두서 없는 인사말씀을 이로써 가름합니다.

- 2004. 4. 24.

인사말 · 5

인사말 · 5

이제 55주년을 맞아 강화 양민 학살 위령제를 7회에 이르러 올리려고 합니다. 억울한 죽음으로 부모형제 이별하고 구천을 떠도는 영령들을 위해 왕림하여 주시어 감사의 말씀을 드립니다.

1951년 칼바람 불어치는 1월과 2월에 걸쳐 강화 전역에서 돌아가신 영령들이여, 따뜻한 봄을 찬양하는 꽃들과 새싹이 어우러지는 이 곳으로 오십시오. 반백 년이 넘게 늪 속에 빠져나오지 못하고 모든 지식과 인격을 저당 잡혀 통탄의 긴 한숨으로 사무쳤던 시간들, 이제는 기뻐하십시오.

잘못된 역사를 청산하고 미래를 열어갈 진보적인 학자들과 정의를 위해 사명감으로 사회의 비리와 싸워 나가는 사회단체들, 긴긴 세월을 일념과 염원으로 한 길을 가려한 전국 유족들의 단합된 노력으로 2005년 5월 3일 진실과 화해를 위한 법은 통과되었습니다. 그러나 우리의 할 일은 산같이 쌓여 있습니다.

우선 2005년 12월 1일부터 출범한 진실위에 신청이 시작되었으나 너무 오랜 세월 압박당하고 기가 죽어 있던 유족들은 지금도 공포감에 사로잡혀 제대로 나오지를 않습니다. 그 이유는 무엇일까요. 어린 나이에 부모 형제를 잃고 몸과 마음은 병들었기 때문입니다.

한 동네에서 죽이고 죽이는 처절한 비극이 있었습니다. 사실 우리는 저들(가해자)의 단체는 누가 희생되었는지와 장소, 가해자 등을 밝혀야 한다고 생각합니다. 그들은 지금까지 위령제를 지내며 떳떳이 할말을 다하고 살아왔습니다. 우리 불쌍한 피해자 유족들은 귀 멀고 벙어리로 반백 년이 넘게 어디에서 사는지 뿌리도 없어져 찾지 못하고 있습니다. 저들은 지금 단체운영비를 지원 신청하는 행태를 보더라도 자기들은 할 일을 했는데 대우를 못 받는다고 오히려 불만입니다. 그들은 대로를 걸으며 돈도 타 먹고 있습니다. 죄명도 모르고 졸지에 부모를 잃고 말도 못하고 두려움에 떨면서 살았어야 했던 후손들이 여기 있습니다. 무슨 죄가 있기에, 죄가 있다면 두 동강 난 이 국가, 이 시대에서 살았다는 것뿐입니다.

정통성 없는 이승만 정부, 권위주의 시대까지의 국가범죄와 공권력의 남용은 반드시 밝혀져야 합니다. 저들이 정말 잘못을 인식하고 용서를 청한다면 그 때 우리는 진실이 철저하게 밝혀진 다음 화해를 할 것입니다.

피해자는 약자이고 가해자는 강자입니다. 중립을 지킨다는 것은 절대로 안 됩니다. 피해자들이 또다시 상처를 받는다면 이는 이

나라의 두 번째 비극이 될 것입니다.

과거사 위원님들과 조사관들께서는 그들의 합리화와 억지 자부심으로 일관하는 것을 경계하시고 한 살부터 칠순이 넘은 노인들의 억울한 죽음을 밝혀 주시리라 믿습니다.

저들의 죄상을 열거하겠습니다.

1) 살인범

2) 가정파괴범

3) 시신 유기범

4) 인생 압살범

저는 12살에 끔찍한 일을 당하고 그 때의 공포와 어찌 살았을까 하는 인생 역정을 이 지면에 어떻게 다 호소할 수 있겠습니까. 그러나 죄는 미워해도 사람은 미워하지 말라. 원수를 사랑하라. 나는 신앙인이고 이런 성현들의 말씀도 잘 알고 있습니다. 상대방의 태도와 변화가 있다면 용서해야겠지요. 그들은 향토 사수를 했다고? 그러나 그 당시 강화는 전방이 아니었고 후방이었습니다. 공포에 질려 있는 가족들인 비무장 민간인을 끌어다 살상하고도 일말의 양심은 있어야지요. 이념이 무엇이며 사상이 무엇인지도 모르는 사람들, 집에서 살림만 하던 사람들, 불쌍한 사람들이었습니다. 이제는 차분하게 흥분을 가라앉히며 당신들을 위해 일하겠습니다.

오랜 한 푸시고 영면에 드시옵소서. 내변께 하소연과 억울함을 말씀드리며 두서 없는 필을 올립니다.

- 2006. 4. 29.

고유문

고유문

영령들이시여, 이제 평안히 잠드소서!

지금으로부터 반백 년이 넘게 차디찬 땅 속에서 파도치는 검은 물 속에서 원한에 묻혀 떨고 오열하고 계실 영령들이시여!

이제 기뻐하십시오.

정부 차원에서 2008년 7월 8일 진실화해를 위한 과거사 정리위원회에서 죄 없이 돌아가신 강화 영령들의 진실규명 결정이 내려졌습니다.

북풍한설이 몰아치고 산 같은 얼음덩이가 떠내려오는 바닷가 갯골에서 또는 야산의 방공호에서 귀한 목숨을 아무 죄명도 없이 재판 과정도 없이 희생당하신 영령들이시여! 70이 넘은 노인, 아무것도 모르는 천진난만한 어린아기들, 무슨 죄가 있기에 그처럼 처참하게 목숨을 잃어야 했나요.

아기혼들아 아름다운 새로 환생하여 이 누나와 오빠들에게 찾아와 주렴. 여기 남아 있는 가족들 억울한 영혼들을 위해 이 목숨 다하도록 노력을 다할 것입니다.

영령들이시여! 햇빛 찬란한 대지 위로 나오십시오.

1950년 9월 이후와 1951년 1월에서 2월에 걸쳐 유명을 달리하신 억울한 영령들이시여, 그 동안 어둡고 무서운 물 속에서 얼마나 춥고 떨리셨습니까. 여기 남아 있는 우리들도 삶이 아니었습니다. 억압당하고 핍박당한 배고픔으로 움츠리고 말도 못하고 한을 가슴에 안고 황혼기를 맞으며 억울하게 살아왔습니다.

불쌍한 영령들이시여!

하늘도 무심치 않고 우리들의 열정과 노력이 결실을 보아 역대 정부가 외면했던 특별법이 노무현 정부에서 2005년 5월에 진실화해를 위한 기본법이 통과되고 동년 12월 1일 진실화해를 위한 과거사 정리위원회가 발족하여 2차로 강화사건 조사개시 결정이 내려졌습니다. 그 후 2년여에 걸쳐 조사관들의 열성적인 활동으로 안병욱 위원장님과 상임위원 비상임위원 전체회의에서 진실 규명의 결실을 보았습니다.

- 2008. 8. 16.

인사말 · 6

인사말 · 6

이렇게 더운 날씨에 왕림해 주셔서 감사한 마음 금할 길 없습니다. 강화사건은 한국전쟁 중 1951년 1월에서 2월에 걸쳐 강화 본도와 세 곳의 부속 섬을 합하여 300여 명의 민간인 희생자가 발생한 사건입니다. 희생자는 여성과 어린아이, 가족이라는 명목으로 희생당한 숫자도 83명이나 되었습니다. 그렇게 많은 희생자가 났음에도 불구하고 유족은 많이 나오지 않고 있습니다. 남아 있는 유족들은 겨우 어린 아이들이었고 살아남은 것은 산 것이 아니었고 공포에 떨고 움츠리고 말도 못하고 경찰의 감시를 받는 등 고난의 삶을 살아왔기 때문입니다.

하지만 하늘이 무심치 않았습니다. 남아 있는 유족들의 정성과 염원이 하늘에 닿아 학자, 사회단체와 똘똘 뭉쳐 특별법을 제정하였고 2005년 12월 진실과 화해를 위한 과거사위원회가 발족되었습니다. 2006년 조사 결정이 내려지고 조사관들의 노고와 위원장님을 비롯, 상임 비상임위원님들의 전체회의에서 지난 7월 8일 진실규명 결정을 보았습니다.

그러나 우리 유족들의 아픈 가슴은 어떻게 치유를 해야 할지, 저는 자다가 깨어나도, 일을 하다가도 불쌍한 우리 엄마를 되뇌이곤 했답니다. 우리는 아름다운 꽃을 보고 울었고 이름 모를 새들의 지저귐을 듣고 울었고 하얀 눈이 쌓인 엄동설한에 시신도 거두지 못한 통한을 가슴에 안고 울었습니다.

그러나 이렇게 무너질 수만은 없습니다. 가엾은 영혼들을 위해 위령비도 세워야 하고, 추모를 함에 있어 게을리 할 수 없으며 앞으로 할 일이 산같이 쌓여 있습니다. 우리 유족들 똘똘 뭉쳐 용기를 내야 합니다. 아무리 어려운 일이 있고 힘들더라도 헤쳐 나갑시다. 안타까운 일도 있었습니다. 유족 한 분이 진실규명 결정이 내려지기 전, 좋은 소식도 듣지 못하시고 두 달 전 유명을 달리하셨습니다. 생전에 하신 말씀 지금도 역력합니다. "나는 시한부 인생이지만 죽는 날까지 열심히 하시겠다"고 하신 그분의 영전에 이 좋은 소식이 전해지기를 바랍니다.

억울하게 돌아가신 우리 부모 형제 여러분!

울음을 멈추시고 한을 훌훌 푸시고 파란 하늘과 산들 바람이 부는 환한 공간으로 오십시오.

58년 동안 늪에 빠져 구천을 떠돌던 영령들이시여!

이제 이 후손들이 힘차게 힘을 보태고 불쌍한 고혼들을 위하여 생을 바칠 것입니다.

진실화해위원회에 감사드립니다.

우리 유족들을 위로하시기 위하여 왕림하신 내빈 여러분께도 감사드립니다.

- 2008. 8. 16

인사말 · 7

인사말 · 7

오늘 이 자리에 참석하신 내빈께 감사의 말씀을 올립니다. 이 강화사건은 1951년 1월에서 2월에 걸쳐 1,200명에 가까운 인명이 학살된 엄청난 사건이었습니다. 1951년 강화경찰서장은 향토방위특공대에게 무기와 통신장비, 유치장에 갇혀 있던 사람들을 인계하면서 말 안 듣는 사람은 처단해도 좋다고 하면서 모든 권한을 위임하고 1951년 1월 2일 후퇴합니다.

그렇다면 그 상황에서 말 안 듣는 사람이 있습니까. 오히려 말 잘 듣는 사람들이 모두 학살당했습니다. 나오라면 나오고, 구덩이에 들어가라면 들어가고, 동저고리에 아기 업고 나오고, 사랑방에서 손자와 놀다가 양말도 못 찾아 신고 나오고, 모두 아무 죄도 없는 살림만 하던 부녀자, 70이 넘은 노인, 한 살짜리 어린아기까지 무지하게 학살한 야만인들이었습니다.

조물주가 주신 존엄한 생명, 전쟁터에서 정당방위가 아니면 죽일 수 없는 것입니다. 강화는 후방이었고 아무 죄도 없이 공포에 떨면서 멀건 물로 연명하던 순진 무구한 사람들이었습니다. 그렇지만 오늘은 이야기 해야겠습니다.

강화경찰서에서 무작위로 약 200명의 학살이 있을 때 다리에 총상을 입고 살아 나온 사람이 있었습니다. 2월에 다시 돌아온 특공대에게 동네 사람이 고발을 하였습니다. 그 살인마들은 그 사람을 데려오라고 위협하여 들것에 실려와 학살당하고 그 집의 가족 5명을 모두 학살했는데, 외할머니가 등에 업은 어린아이라도 살려달라고 애원했지만, 어린아이 등에 총을 쏘아 할머니까지 절명하였고, 다섯 살과 9살짜리만 그 순간을 피해 살아났고 가마니로 덮어 놓았던 시신의 모습을 평생 간직하고 살아온 5살짜리 소년은 지금 60대 노인이 되어 이 자리에 나와 계십니다. 졸지에 고아가 되어 고아원으로 전전해야 했던 피맺힌 삶은 어찌해야 합니까.

또 교동도에서의 일입니다. 해병 특공대들은 아지트에 사람들을 많이 잡아다 놓았습니다. 소를 한 마리 잡아가면 세 사람을 살려주고 돼지 한 마리를 잡아가면 한 사람을 살려주고 닭 한 마리를 잡아가니 그것 가지고는 안 된다고 하면서 그대로 죽였습니다. 그래서 우리 아버지는 돼지 한 마리 값이 없어서 돌아가셨다고 우는 유족이 있습니다. 이런 법 절차도 없이 살인을 한 야만적 살인 집단이었습니다. 나는 그 집단을 살인범이요, 가정 파괴범이요, 시신 유기범이요, 인생 압살범이라고 합니다. 인생 압살범이란 피해 유족들이 연좌제에 묶이어 아무리 똑똑하고 공부를 잘해도 출서할 길이 없었던 귀먹고 눈멀고 벙어리 되어 비참한 삶을 살며 인생이 말살되었기 때문입니다.

푸른 식물은 생명을 노래하건만 가신 님들은 왜 못 오시나 하며 울었고, 청청한 수목이 어우러진 수림 사이로 지저귀는 새들의 노래를 들으며 울었고, 누렇게 익은 들판과 오색단풍이 하늘 사이로 나부끼는 것을 보고 울었고, 하얀 눈이 슬슬 내릴 때 고인들의 눈물인 양 또 울었습니다.

나는 살인 두목을 15년 동안 지켜 보았는데 그자가 2008년 8월 3일에 죽어 8월 5일에 현충원에 들어갔습니다. 그래서 보훈처에 항의를 하였습니다. 의정부 보훈지청에서 하는 말은 뱃속에 파편이 들어서 현충원에 갔다고 합니다. 그 당시 강화는 후방이었고 전투한 적이 없고 폭격도 없었는데 어떻게 상이자가 된답니까. 이렇게 엉터리 심사가 어디 있고 엉터리 같은 나라가 어디 있단 말입니까.

집에서 공포에 떨면서 있는 가족들을 모두 죽인 공으로 유공자가 되어 있는 이 왜곡되고 은폐되어 있는 역사, 우리의 육친인 부모형제들은 시신도 거두지 못하고 어디서 어떻게 유기되어 있는지도 모르는데 살인 두목은 유공자가 되어 있는 이 현실을 어찌해야 합니까.

지금도 우리 유족들은 한을 안고 한 분 두 분 세상을 떠나고 있습니다. 여기 계신 전국에서 오신 유족 회장님들, 학자님들, 사회 단체 활동가들 똘똘뭉쳐 한을 풀 수 있는 법을 만들어야 합니다.

오늘의 현실, 이제 냉전시대는 가고 화합의 시대가 오고 있는데 보수 수구파들은 아직도 색깔론을 앞세우려 하고 보수 수구 신문은 "과거사위 언제까지 파 먹고 살 것인가" 라는 아주 졸렬하고 저속한 헤드라인으로 보도하고 있으며, 사법부는 어떻습니까. 소송한 유족회를 소멸시효 완성이란 명목으로 줄줄이 패소시키고 있습니다.

우리 유족들 말이나 하고 살았던가요.

시효는 과거사위에서 결정일로부터 삼년으로 했습니다. 전범은 시효가 없어야 합니다. 반백 년이 넘게 한을 안고 살아온 유족들에게 이렇게 인색할 수 있는 건가요. 국가는 법적절차도 없이 살인이 저질러진 것에 대해 상당한 위로와 배상을 하고 억울함을 인정해야 합니다. 나는 어느 유족의 증언을 듣고 짧은 시를 하나 지었습니다.

산그늘 꽃덤불

해안에 산그늘 지고
어스름 저녁 개짖는 소리
바람소리 파도소리 어우러진 저편

생과 사를 가르는 순간에
소프라노톤의 찢겨진 음성
어쩌나 어쩌나 단장의 비명

50여 년 쌓이고 쌓인 산그늘
꽃덤불로 찾아 왔구나

살인자들은 해와 달이 부끄러워 해지고 달뜨기 전에 살인을 저질렀고 살려달라는 여자의 애원도 외면했습니다. 바쁘신 중에도 이렇게 왕림하여 주심에 감사드리면서 이만 제 말씀을 가름합니다. 감사합니다.

- 2009. 10. 17

인사말 · 8

인사말 · 8

2011. 10. 14일 강화위령제와 추모비 제막식에서

어둡고 막막하기만 했고 늪에서 헤어나지 못했던 강화민간인 학살이 수면 위에 떠오르고 그분들께서 운명하신 지 61년 만에 322명의 위패를 만들어 이 곳에 봉안하게 되었습니다.

멀고도 먼 고도이었던 이 섬에 오시어 위로를 해 주심에 감사드립니다. 그 비참했던 세월 뒤로 하면서 2008년 억울한 죽음이었다는 규명 결정을 보았습니다. 하여 강화추모비건립위원회가 창립되고 강화군수님과 해당부서에서의 노고로 말미암아 322명의 원혼을 위로하게 되었습니다.

유명한 신영복 교수님이 "한국전쟁중 강화지역 민간인희생자 추모비"를 상석에 써 주시고 성공회대학교 김동춘 교수님께서 비문을 써 주셨습니다.

오늘이야말로 통탄에 젖었던 영혼들이 안착하게 되었습니다. 그 동안 구천을 떠돌면서 얼마나 떨었습니까. 아픔과 슬픔을 덜어내고 위로를 받았습니다. 1951년 1.4 후퇴, 1월 2일에서 18일까지의 사이에 많은 학살이 있었습니다.

구천을 떠돌던 영혼이시여!

여기 안착하시고 서럽던 지난 세월 모두 떨쳐버리시고 훌훌 풀어 버리소서. 교통도 불편한 이 곳에 왕림하신 내빈께 다시 한 번 감사의 인사를 드립니다.

저는 그 날 추모시를 지어 낭송했습니다.

이제는 울지 않으렵니다
여기 잠들어 있는 322명의 영혼이시여
오랜 세월 구천을 헤매며 얼마나
아프셨나요

따뜻한 봄날 새싹과 친구하고
뜨거운 여름날 수림 사이로 불어오는
바람과 친구하고

하늘 높은 가을날
하늘하늘 나부끼는 단풍과 친구하고

하얀 눈이 내리는 겨울날
은색의 눈을 덮으소서

한 살의 어린 영혼이여
어찌 세상에 나왔다가
이렇게 가야 했나요
오빠와 누나가 찾아오거던

파랑새로 환생하여
지지배배 울음으로 반겨 주소서
60년의 세월이 이렇게 멀고도 먼가요
산을 넘고 강물을 건너
이제 여기 오셨나요

모든 아픔 슬픔 버리시고
길상면 온수리 산 21의 10번지
아늑한 이 곳에 엄마의 품처럼
내 집의 안방처럼 새파란 하늘 이불 덮고
고이 고이 잠 드소서

- 2011. 10. 14.

민간인 학살 유족인 채의진 선생은 한맺힌 삶을 살아온 비극적 인물이다.

민간인 학살 유족인 채의진 선생은 한맺힌 삶을 살아온 비극적 인물이다.

1949년 12월 24일 열네 살의 나이였다. 빨치산을 토벌한다는 국군이 고향인 경상북도 문경군 석달 마을에 밀어닥쳐 주민 86명을 학살하고 방화하는 것을 보았다.

그는 친형과 사촌동생, 사촌, 남동생 등 일가족 9명이 학살당하는 참변을 겪었다. 그 후 그는 고등학교 2학년 때부터 진상규명을 위해 신성모 그 당시 국방장관을 만나러 다니는 등 활동을 시작했다. 4.19직후 대학생이던 그는 수학을 하면서까지 진정서와 탄원서를 들고 청와대와 국회 관계기관을 찾아다니며 문경학살사건을 세상에 알렸으나 5.16쿠데타로 말미암아 좌절되고 만다. 그 뒤 그의 발길은 국회와 청와대 등 닿지 않는 곳이 없었다. 그는 잠을 자다가도, 밥을 먹다가도 분노를 삭이지 못하는 좌절감만 맛보았다. 그는 영문과를 어렵게 졸업한 뒤 교사가 되었다. 교직생활 21년 만에 사표를 내고 이 땅이 싫어 미국으로 이민을 갔으나 6개월 만에 돌아왔다. 제2의 삶이 시작되었지만 석달마을의 학살과 방화의 기억에 마음의 상처는 씻을 수가 없었다.

석달마을 희생자의 합동 위령제도 지내고 여기저기 관계기관에 탄원서를 냈다. 2000년에 전국유족회가 결성되고 한국전쟁 전후 민간인 학살 진상규명위원회가 창립되었다. 그 때 전국유족회가 결정되어 채의진 선생과 강화양민학살유족회 서영선 대표와 전국 유족 공동대표로 지명되어 2000년 6월 29일 시사저널 제557호에 보도된 바가 있다. 이 두 단체에서 100만 민간인 피학살자의 진상규명과 명예회복을 위해 거리에서 국회에서 앞장서 목소리를 높였고 가두시위나 농성장에 그의 모습은 거의 빠짐이 없었다. 이 두 단체의 상임대표를 맡고부터는 그의 발걸음은 더욱 바빠졌고 전국을 종횡무진하였다.

그는 그 한을 어쩔 수 없어 두발과 수염을 기르고 민간인 학살 진상 특별법이 만들어질 때까지는 두발과 수염을 자르지 않기로 다짐했기 때문이다.

그뿐만 아니라 서각에 한과 슬픔을 승화시키면서 하나하나 글자를 새기며 점철된 슬픔을 삭이는 세월은 얼마였던가. 지난 2004년 7월 22일에는 덕성학원에서 서각전을 연 바도 있다. 그는 16년째 기른 머리카락을 지금 이 자리에서 자르려고 한다. 이는 비록 미흡하기는 하지만 지난 5월 3일, 민간인학살 진상규명법이 만들어졌기 때문이다. 지금 자르려는 머리칼은 100만 민간인 피학살자들에게 바치는 피와 눈물이다. 반세기가 넘게 진상조차 제대로 밝혀지지 않은 민간인 학살을 다시금 세상에 알려내게 될 것이다.

그는 그의 삶을 이렇게 이야기 한다.

"나의 삶은 차라리 삶이 아니라 슬픔과 분노와 고독과 절망과 저주로 얼룩진 통한의 몸부림이었다." 서영선은 채 회장님의 인생을 눈물로 써서 두발 삭발 현장에서 낭독하였다.

- 2005년

제4부

부모님께 드리는 편지

어머니께 보내는 첫 번째 편지 - 사모의 정

어머니께 보내는 첫 번째 편지 - 사모의정

1934년 어머니의
호수돈여교 졸업사진.

문득 베란다 창문 밖으로 하늘을 쳐다보았다. 잿빛 하늘 별 하나 눈여겨 볼 수 없는 하늘, 오늘에 비추어 지금으로부터 56년 전의 어머니와 함께 살았던 하늘을 생각한다. 나의 초등학교 시절 우리 식구는 양철지붕의 교장 관사에서 살았다.

나의 어머니는 고향인 개성에서 호수돈여고를 나오시고 의학 공부까지 하셨다. 성격도 활달하셨지만 시원스럽게 일을 잘 하셨다고 동네에서 참 괜찮은 규수로 칭송을 들었다고 한다.

1945년 해방 되던 해에 나는 초등학교에 입학을 했고 정원 가득히 각종 꽃으로 뒤덮인 관사에서 부모님의 사랑을 받으며 언니와 나는 쌍둥이처럼 자랐다. 어머니는 항상 나쁜 말씀 한 번 안하시고 매 한 번 안 드시고 오직 사랑과 온화함으로 만면에 웃음을 띠우시며 5남매를 키우셨다.

언니와 나는 공부도 잘 하였고 나는 어머니를 항상 도와 드리면서 동생들을 잘 돌보았다. 그럴 즈음 막강한 외세의 힘에 눌려 삼팔선이 생기고 두 동강으로 갈라져 동족상잔의 한국전쟁이 발발하였고 좌우익 이데올로기의 소용돌이 속에서 39세의 젊은 나이로 어머니는 비명에 가셨다.

나의 어머니는 벚꽃 가득한 운동장에서 뛰어 놀다 들어오면 산수문제를 내 주시고 채점도 해주시면서 칭찬을 아끼시지 않던 어머니. 나는 항상 동생들과 살림에 바쁘신 어머니가 안타까워 어린 마음에도 곧잘 도와드리곤 했다. 저녁 먹고 동네마루터기에 밀거적 깔고 누워 총총한 별을 헤고 북두칠성 오리온을 지적하면서 행복했던 어머니와 나, 텃밭에 감자 옥수수를 심으시고 가을바람에 으슬으슬

익어가는 감자 옥수수를 가마솥에 잔뜩 쪄서 5남매에게 실컷 먹이시던 어머니, 늦가을 과일이 익어 갈 때 과수원에서 빨간 사과를 사서 이고 오시면 나는 마중을 나갔다.

그뿐인가 그 당시 방앗간도 없는 곳에서 절구에 쌀을 빻아 채로 쳐서 온갖 떡을 해 주셨다. 명절이면 엿을 고아 강정을 만드시고 빈대떡이며 음식을 만드시는 사랑을 베푸셨다. 어머니는 5남매 아이들을 젖이 없어 설탕도 귀하던 시절에 항상 암죽을 끓여 먹이느라 고생을 하셨다.

나는 어머니를 너무 좋아하여 동생이 여럿인데도 불구하고 어머니에게 다리를 올려놓고 잠이 들었다. 초등학교 3학년 열 살인데도 나는 키도 무척 컸었는데 내가 다리를 올려놓아도 한 번도 나무라는 법이 없었다.

가을 유리창 밖에 곶감이 익어 가면 하나씩 빼 먹던 어린 시절 어머니는 팥범벅떡을 해서 서늘한 장독대에 올려놓으셨다가 항상 사랑스럽게 먹여 주셨다. 여름철 옷을 빨아 풀을 먹여 빳빳하게 다림질하시던 어머니. 그 때는 둥그런 숯불다리미로 다렸다. 잔뜩 쌓아놓은 빨래를 마주 붙들어 드리는 것은 내 차지였다. 나는 오금이 저리고 싫증나고 팔이 아파도 어머니를 사랑하는 애틋한 마음에 다 끝나고야 일어나곤 했다. 그리하여 더욱 칭찬을 하셨다. 오늘날 문명이 발달하여 전자제품이 살림을 다하는 시대다. 이런 시대를 살아보지 못하신 어머니, 이 글을 쓰면서 가슴 속 심장에서 솟구치는 그리움의 펜은 떨리고 눈물방울은 지면을 적신다.

사랑하는 나의 어머니. 오직 살림밖에 모르시고 자식들 뒷바라지밖에 모르시던 나의 어머니. 인간의 생명은 존엄하고 숭고할진대 무슨 자격으로 생명을 빼앗아 간단 말인가. 낫 놓고 기역자도 모르는 불한당 야만인들이 어찌 법적 절차도 없이 고귀한 생명을 앗아갈 수 있단 말인가. 오직 살림만 한 부녀자를 가족이라는 이유 하나만으로 그럴 수 없는 일이다. 반세기가 지난 오늘 피로 얼룩져 왜곡된 역사, 잘못된 역사, 삐뚤어진 역사는 바로 잡아야 하고 잘못 된 것은 청산하고, 대대손손에게는 정의로운 사회 밝은 앞날 아름다운 사회 빛나는 날이 되어야 한다.

남은 생애 건강한 그 날까지 나는 어머니를 위해 살 것이다. 강화민간인학살 유족회장으로 활동하여 어머니의 억울한 영혼을 위해 오늘도 나는 살고 있다. 삶의 지표에 있어 꿋꿋한 내가 가장 약해질 때는 어머니를 생각하며 눈물을 흘릴 때이다. 옆에서 딸들은 "엄마 엄마는 나이가 드시고 이렇게 손자가 학교에 다니도록 컸는데도 그렇게 어머니가 보고 싶으세요" 한다. 나는 "너희들도 자식을 낳아 기르고 내 나이가 되어서야 내 심정을 알 것이다"고 대답하고 만다.

5살 되던 어린시절 서울 한복판인 누하동과 팔판동에서의 일이다. 언니는 막 재동초등학교에 입학을 했고 내 아래 남동생이 귀가 아파 병원에 가면 나는 곧잘 집을 잘 보았다. 서울거리에 나와 전차 타고 가다 미아가 됐을 적 어머니는 벌써 다음 정거장에서 나를 기다리고 계셨다. 지금은 철거되어 역사의 뒤안길로 사라진 중앙청을 가리키시며 "저것이 조선총독부란다" 하신 말씀이 지금도 생생하다.

부부애가 좋으셨던 우리 어머니, 아버지와 초저녁 정담을 나누실 때 언니와 나는 책상머리에 대추 감을 놓고 밤참을 먹어가며 졸리면 찬물로 세수하면서 공부를 했었다. 추운 겨울 눈발이 날리고 사방이 고요할 때 벽장 열고 곶감을 꺼내먹으며 누구에게 질세라 경쟁

하며 공부를 하면 어머니는 어서 자라고 하시면서 행복한 걱정을 하셨다. 내가 자다 일어나 연시감을 먹고 채했을 때 온 동네 다 수소문하여 숭어젓국을 얻어다 먹이신 사랑. 지금은 잔잔한 회상과 온화한 사랑, 애절한 슬픔만 남겨 놓으신 채 영상으로 각인되어 불면의 밤에 재회하곤 한다. 불면은 어머니와 대화하고 사랑하는 밤으로 이어진다. 지금 내 방에는 어머니가 쓰시던 것과 똑같은 개성 반다지에 어머니와 아버지의 사진이 그 위에 놓여 있다.

존경하는 어머니 지난 2003년 어버이날 용산성당을 찾아 어머니 아버지 이름 옆에 카네이션을 드리고 왔습니다. 뵙고 싶을 때 그리울 때 생각날 때 또 들릴 것입니다. 용산성당 사랑의 벽에 화강암 담으로 된 생명의 길, 이름 여섯 글자와 생년월일 부모님의 영구적인 유택이나 마찬가지이니까요.

- 2003년

어머니께 보내는 두 번째 편지

어머니께 보내는 두 번째 편지

1993년 강화에 갔다 왔다.

나는 어머니가 49년 전에 돌아가신 억울한 죽음을 밝히려고 그 당시 대장을 찾아갔지만 전면 부인하는 바람에 실패하고 강화 김동환을 찾아가 신분을 밝히지 않고 강화 전지역의 학살을 들었다. 그날 밤 꿈에 어머니가 나타나서 말하는 모습 보이지는 않았지만 어머니 음성이 들려왔다. 글쎄 그놈들이 나를 화살로 쏘았단다. 하고 역력히 말씀하시는 것 아닌가 분명히 영혼은 있는 것이다.

나는 어쩜 이런 일이 있을 적마다 부모님 꿈을 꿀 수 있는 것일까. 어머니 아버지 영혼은 분명 우리 자식들을 살피시는 것임에 틀림 없는 것 같다. 아 사랑하고 존경하는 아버지 어머니, 그 안타까운 우리 어머니는 그 무지막지한 백정들에 잡히어 그렇게 억울하게 돌아가실 수 있는 것인가요. 이 대명천지 하느님이 계신 이 세상에 어찌 그런 인간들을 존재하게 하실 수 있습니까? 어머니 저는 5월 5일이면 용산성당 화강암 벽에 세워진 부모님 이름 앞에 다녀옵니다.

강화도 학살 현장에 세워진 「어머니」 시비 옆에서

강화 학살지에 세워진 어머니 시비에 가면 한 시간에서 세 시간에 걸쳐 꽃을 심고 풀을 뽑고 청소를 하고 옵니다. 이것으로 효를 대신합니다. 어머니 유택이나 마찬가지이니까요. 이름 모를 새들은 지지배배 지저귀고 나를 위로하는 것 같았어요. 갔다 오면 또 가고 싶고 어머니를 뵙고 오는 것 같아 피곤함도 모릅니다. 어머니 우리 자매들은 잘 살고 있습니다. 그 동안 살면서 유석이를 성공시키지도 못하고 민숙이도 가엾게 죽은 생각하면 또 가슴이 미어집니다. 어머니만 살아 계셨더라면 이런 일이 있지도 않았을 것입니다.

하지만 내가 그렇게도 염원하던 대학도 나오고 언니는 신앙생활 얼마나 열심히 하는지 행복하게 살고 있습니다. 그리고 어머니를 찬양하는 시를 쓰고자 시인이 되었답니다.

어머니 영원한 세상에서 주님의 은총 받으시고 평안히 잠드소서.

어머니를 뵈올 그 날까지.

- 2005년 4월 5일 식목일

어머니께 드리는 세 번째 편지

어머니께 드리는 세 번째 편지

2004년 12월 31일 나는 눈이 감길 정도로 피곤함을 느끼면서 국회방송을 지켜보았다. 그러나 상정되었던 우리 과거사 법만 제외되었다. 한나라당의 야합으로 2005년 2월 임시국회로 미루어져 버렸다. 그렇게 염원하던 일 그렇게 몸 바쳐 싸웠던 일이 이렇게 무산되다니 그 사람들은 피와 눈물도 없는 사람들인가 보다.

그 날 이후 우리 범국민위는 매일같이 국회를 드나들고 기자회견과 모든 노력을 아끼지 않았지만 김원기 의장은 외유를 떠나 버리고 우리 법은 또 4월로 미루어졌다. 우리 유족들은 피눈물을 머금고 또 싸워보기로 하고 지친 몸을 다시 일으켜 열린우리당 당사와 구 한나라당 당사, 국회 이렇게 다니면서 마지막이다 하면서 경주하기 시작하였다.

그 결과 2005년 5월 3일 미흡하나마 과거사법이 통과되었다. 너무나 힘이 들었지만 그래도 이런 날이 찾아와 주다니 우리 유족들은 감격하여 모두 부둥켜안고 울음을 터뜨렸다. 유족들은 전부 악수를 나누었고 저녁은 이이화 선생님께서 한턱을 쓰셨다. 우리 여전사들과 노래방도 가고 기쁨을 나누었다. 조금 늦게 장완익 변호사님과 김동춘 교수님께서 오셨다. 나는 힘껏 악수를 나누었고 서로 축하 인사를 하였다. 나는 십 년이 넘게 담석증을 앓고 있었지만 4월 국회를 지켜보고 수술하리라 마음먹고 미루어 왔기에 나의 몸은 기진맥진한 상태였다.

5월 4일이었다. 한잠 자고 깼다가 다시 잠이 들었는데, 한 번도 생각치 않았던 큰아버지가 꿈에 보이는 것이 아닌가. 나는 꼭 무슨 일이 있을 적마다 조상들이 꿈에 보이는 것이다. 회색빛 바지저고리에 팥죽색 조끼를 입으신 모습이었는데, 커피를 드릴까요 녹차를 드릴까요 물으니 녹차를 달라고 하셨다. 돌아가신 영혼들이 너무 억울한 나머지 과거사법이 통과된 것을 기뻐해서 꿈에 나타나는 것은 아닐까. 내가 너무 애를 쓰고 다니니까 나타나신 건 아닐까. 참 너무 신기하고 이상한 일이다. 조상들이 감복하신 탓이리라. 아무튼 나는 돌아가신 분들을 위해 이 생명 다할 때까지 노력할 것이다. 우리 큰아버지는 이름난 지관이었고 서당 선생님이셨는데 6 · 25 인공시절에 부역혐의로 좌익으로 몰렸고 사촌오빠는 선생님이었는데 9 · 28 수복 후 치안대에 자수하러 갔다가 죽임을 당하였다. 25세의 젊은 나이였다.

이 모든 억울한 죽음은 2008년 7월 17일 과거사 진상규명위원회에서 규명결정이 났고 명예회복이 되었다. 39세 우리 어머니와 한 살짜리 남동생 그리고 77세 할머니도 명예회복이 되었다.

강화 본도 억울한 생명이 회복되어 구천에 떠돌던 영혼이 안착되고 영원한 영면에 들게 되었습니다.

영면하소서 어머니.

- 2005년

어머니께 보내는 네 번째 편지

어머니께 보내는 네 번째 편지

1951년 눈보라 치는 강화 앞바다 돌미루로 밀려들어온 사람들 중에 생포된 사람들을 강화 장터에서 조리돌린 후 죽였다고 한다. 그 중에서 내가면 외포리에 살던 강동월 씨의 부모님이 계신 것을 누가 보았다고 하였고, 강화읍 신문리에 살던 나의 동창 김정선 언니도 그 때 잡혀 죽었고, 어떤 사람은 나중에 찾아와 당신네 딸도 죽었다고 알려 주기도 했습니다. 이런 소리를 들은 유족들은 더욱 분함에도 불구하고 오히려 감추려 하고, 옛 상처를 다시 상기하지 않으려 하지만 이것이 잊어질 수 있는 일인가요. 그 동안 말도 뻥긋 못하고 공포에 떨며 살아왔기에 이해는 가지만 너무 답답합니다. 1948년, 1949년 내가 국민학교 관사에 살 때 일이었지요. 관사 아랫동네에 살던 구서기네 집이 있었지요.

어머니와 저는 그 집에 놀러간 적이 있었는데 그 집 외동딸이 있었어요. 그 집 어머니는 우리 딸 시집을 잘 보내야 한다고 이야기하시곤 했답니다. 그렇게 나는 엄마를 꼭 따라 다녔지요.

그 언니는 삼단 같은 머리를 친친 땋아 내린 성숙한 처녀였습니다. 9 · 28 수복 후 각 면 치안대는 부역 혐의가 있는 집에 가족들을 잡아다 고문하고 때려 죽이기도 했지요. 그 언니도 잡혀가서 고문당하고 아기도 못 낳게 만들어 놓고 어떤 치안대 놈이 셋째 첩으로 데리고 살았답니다. 그 언니는 평생 한을 안고 살다가 얼마 못 살고 죽었다고 합니다. 이렇게 우익단체들은 사람을 피폐하게 만들고 일생을 망치고 한과 눈물로 살게 했답니다. 그 치안대들은 정통성 없는 이승만 정권 군부정권에서 잘 살았겠지요. 하지만 말년은 일찍 병들어 죽거나 암에 걸려 죽는 사람도 보았습니다. 그 죄가 어디로 가겠는지요. 나는 그 언니가 보고 싶어 몇십 년 후에 찾았지만 이미 세상을 떠난 뒤였습니다.

나는 내가 살던 학교 관사를 떠올렸지만 오랜 세월 흔적도 없이 사라지고 교사는 새로 지었더군요. 아버지가 교사를 증축할 때 짜주신 책상은 아직도 내 방에 남아 있는데 이 쓸쓸하고 삭막한 심정 어찌하리오. 학교 관사 밑에 있던 도르래 우물은 다 메워졌고 콘크리트 노깡(토관)만 남았더군요. 나는 근처에 사는 동창 옥님을 만나 추억을 되새기면서 옛 이야기에 흠뻑 빠져 뒷동산으로 갔습니다.

5월 단오에 친친 땋은 댕기머리 언니들이 치마를 풀풀 날리면서 그네 타던 해나무는 그대로 있었습니다. 내가 다녔던 초등학교에는 4대 교장선생님으로 아버지 사진이 걸려 있었습니다. 1949년 내가 살던 관사의 울타리에는 빨간 장미 하얀 장미가 만개하고 화단에는 채송화 · 백일홍 · 싸리꽃 · 아스파라가스가 만발하였던 관사. 눈이 하얗게 내린 날은 굴뚝새 발자국이 수를 놓았고 부모님의 사랑을 듬뿍 받고 자란 그 시간들이 너무 행복했습니다. 어머니.

- 2005. 5. 19.

어머니께 드리는 다섯 번째 편지

어머니께 드리는 다섯 번째 편지

어제 일요일에 강화 양민학살지 탐방이 있었다.

김소남 교수의 인솔로 연세대 학생 70명이 왔다. 학생들은 관광버스 두 대로 왔고 나는 강화 35기 위령제 자료집을 73권을 갖고 택시를 타고 향하였다. 담석 수술한 지 11일 만에 갔기에 더럭 겁도 났다. 나는 항상 내가 오래 살기 위해서 보다 내가 할 일을 다 해야 하기 때문이다.

첫 번째 갑곶 나루 학살지와 어머니 시비에서 설명하고 그 곳에서 다시 읍으로 와서 양조장에 갔는데 그 때 그 건물 그대로라니까 학생들은 사진 찍느라 여념이 없다. 이어 경찰서 앞에서 최태육 목사님을 만나 합류하여 두 번째로 송해면 돌미루에 갔다. 여기는 최전방이라 사진도 못 찍고 목사님 설명만 들었다.

향토방위특공대가 가장 전과를 올렸다고 말하는 곳이 바로 여기다. 가볍게 부역했던 사람들이 잠시 피난갔다 들어오는 강화 주민들이 대부분이었다. 약 450명 가량으로 추산하고 있다.

배는 조류를 따라 점점 육지 쪽으로 밀려들어오고 그 사람들은 모두 목숨을 잃었고 생포된 사람 60명도 모두 학살당하였다. 온통 동상을 입어 발은 퉁퉁 부었고 그 비참한 상황은 2일과 7일 장이 서는 날 조리돌리고 죽여버렸다. 강화 경찰서에도 시신의 피가 정문까지 흘렀고 군화 신은 사람들의 발목까지 피가 찼었다고 한다. 얼마나 끔찍스런 만행인가. 그래도 그 가해자들은 강화도수호회니 국가유공자회니 떠들면서 뱃지까지 달고 다니면서 행세하고 있는 것이다.

세 번째로 창후리 선착장으로 갔다. 이 곳은 교동 섬이 보이는 곳이다. 목사님은 긴 시간을 통해 설명을 하셨다. 교동은 1951년에서 1952년에 걸쳐 무자비한 학살이 있었던 곳이다. 어쩌다가 놀러 나갔거나 그 시간을 피했던 사람만 살아남았을 뿐 전 가족을 몰살시킨 곳이 교동섬이다.

네 번째 차례인 내가면 외포리 정포 앞바다는 시간 관계로 가지 못하고 바라보이는 곳에서 내가 설명을 했다. 이 곳은 나와 언니 여동생 둘과 요행히 살아나온 곳이고 77세의 우리 할머니는 고개 마루에서 학살을 당하셨다. 그 날은 1951년 1월 17일이었다. 특공대들이 석모도로 후퇴하는 길에 저지른 일이다. 그 때에도 약 30명 가량을 학살하였다. 바로 내가 산 증인이 아닌가. 선창가에 일렬로 세워놓고 배를 기다리는 중에 우리 네 자매는 배표 파는 아저씨의 도움으로 살아날 수 있었다. 하늘도 무심치 않아 나라도 살아 억울한 영혼을 위해 일 하라고 살아남은 것이 아닐까 생각한다.

다섯 번째로 길상면 온수리 안장섭 선생님이 살아나온 사설재로 갔다. 기념사진도 찍고 충분한 증언과 설명을 해주셨다. 아마 학생들은 근 · 현대사 중 강화사건을 정확히 알게 되었으리라.

우리 유족측은 역사증언을 할 수 있는 기회라 생각하기에 흐뭇하다. 이것을 끝으로 초지대교를 건너 김포대곶에서 저녁식사하고 서울로 향하여 저녁 9시 경에 돌아왔다. 동행은 최태육 목사님, 신영식 만화가, 김정서 선생, 안장섭, 안학섭 선생님과 서영선이 참석하였다.

어머니 영면하소서.

- 2005년 6월

어머니께 드리는 여섯 번째 편지

어머니께 드리는 여섯 번째 편지

2005년 5월 11일 이대목동병원에서 담석 수술을 받았어요. 엄마!

겁은 덜 먹었지만 그래도 걱정은 되었다.

만일 내가 할 일을 다 못하고 가면 어찌하나.

나는 내가 오래 살고 싶은 것이 아니고 아직도 할 일이 남았기 때문이다.

4시간의 수술시간, 우리 딸 둘과 형부와 언니가 밖에서 초조하게 기다리는데 다른 환자들은 다 회복하여 나오는데 나만 안 나오니까 많이 불안하였나 보다. 수술 대기실에 누우니 천장만 보이고 눈물만 흘렀다. 엄마 생각뿐이었다. 울고 있으니 어느 의사가 왜 우세요하고 묻는다. 나는 우리 어머니가 39세에 돌아가셨는데 나는 70을 바라보는 나이에 살려고 수술을 한다고 말하면서 엄마가 보고 싶어 울었다고 했다. 그 의사 선생님은 이 아주머니는 엄마가 보고 싶어 운대요 한다.

그분이 나의 이 뼈아픈 사연을 어찌 알겠는가. 내가 건강해서 어머니 일을 그 원한을 풀어 드려야 한다. 오직 그 마음뿐이다. 몇 시간이나 흘렀을까 마구 얼굴을 때리는 것이 아닌가. 나중 듣고 보니 얼굴을 때린 것이 아니라 심장을 때렸다고 한다. 다른 사람보다 30분이 더 되었는데도 깨어나지 않더라는 것이다.

일주일을 입원하고 있는 동안 문단 동인과 방송대 학우들 친척 사돈까지 문병을 왔고 퇴원 후 실밥을 풀고 한 달 먹을 약도 가져왔다. 내가 어머니의 일을 전부 할 수 있을 것입니다. 과거사 법투쟁을 계속하여 2005년 법이 통과되었고 나는 그간의 고통을 참아내면서 법 통과 후에 수술을 하였답니다. 어머니 편히 잠드세요.

- 2005년 7월

2010 5월 8일 어버이날

2010 5월 8일 어버이날

오늘은 내가 73세를 맞은 어버이날이다.

아침을 먹고 큰딸과 만나 현대백화점 CGV에 영화 '친정 엄마'를 보러 갔다. 직장에 있는 사위로부터 어머니께 영화를 보여드리고 맛있는 점심을 사 드리라고 문자가 왔다. 일등 사위라고 생각하며 마음이 흐뭇해진다. 친정엄마 이름도 그리운 친정엄마 나는 어머니를 12살에 잃었다. 1914년생이고 호수돈여고를 졸업하신 신여성 인텔리 여성이셨다. 나는 내 어머니의 사진과 졸업앨범, 방석에 수놓으신 어머니의 솜씨도 간직하고 있다.

한국전쟁의 소용돌이, 이데올로기에 희생되신 우리 어머니. 1951년 1 · 4 후퇴 때의 부역자 가족이라는 미명하에 향토방위 특공대의 광란으로 39세의 어머니와 한 살배기 젖먹이 남동생까지 희생되었다. 지금은 진실화해위의 조사 규명으로 억울한 양민의 죽음이었다고 2008년 7월 17일에 밝혀졌다.

그러나 사망장소는 갯벌이나 경찰서 유치장이라고 추측할 뿐

날짜도 1월 3일에서 18일 사이지만 정확한 날짜는 밝히지 못하였다.

살아 있는 가해자에게 진실을 말해 주면 나는 화해를 하겠다고 하여도 "모르쇠"로 일관하고 있다. 나는 엉터리로 되어 있는 어머니와 남동생의 호적을 인천법원의 등본을 받아 정정하였다. 잠들어 있는 짧은 시간을 빼고 항상 내 뇌리에 살아계신 어머니. 나는 용산성당의 성직자묘지 화강암 담벽에 아버지 어머니의 이름 석 자 생년월일을 적어 새겨놓았다.

'친정엄마' 영화를 보고 맛있는 점심을 먹고 딸과 헤어져 나는 용산성당에 갔다. 새겨진 부모님 이름을 만지면서 기도를 드렸다. 못다 한 효를 용서하십시오. 그리운 아버지 어머니 이름 석 자 생년월일 72위의 성직자가 묻혀 계신 이 곳, 서울의 높은 대지에 있는 고요하고 쾌적한 용산성당에 영구히 보존 되어 있을 부모님.

사랑합니다. 그립습니다.

끝없는 애상에 잠기어 "또다시 오겠습니다."라는 말을 남기고 발길을 돌려 온수에 있는 성공회대학교로 갔다. 노무현 추모 콘서트에 가니 학교 입구의 길에 노란 풍선이 장식되고 일 년 전이나 지금이나 그 열기는 대단하였다. 명계남과 문성근의 울음 섞인 처절한 추모의 말들에 많은 시민들은 눈물을 흘리고 있고 나도 영화를 보고 울고 이 추모 콘서트에서 울고 오늘 어버이날은 돌아가신 분들을 그리워하며 우는 날인가 보다.

열띤 가수들의 공연 윤도현의 보컬그룹, 안치환의 보컬, 프로젝트의 밴드 멤버, 이정희 민노당 의원과 전 통일부 장관이었던 이재정 국민참여당 대표, 전 KBS 사장이었던 정연주, 다른 몇 분들의 공연은 정말로 아마추어지만 훌륭하였고 전 국무총리 한명숙 서울시장

후보와 전 복지부 장관 유시민은 열렬한 환영을 받았다.

프로젝트밴드는 김민기의 '아름다운 사람' 과 '뭉게구름' 을 불러 큰 열기를 일으키고 시민석에서는 박수가 계속 터져 나왔다. 나는 노무현 전 대통령의 자서전 "운명이다" 와 노무현 티를 구입하고 집으로 오니 밤 열한 시가 되었다. 몸은 피곤하지만 참 보람 있는 날이었다.

- 2010년 5월 8일

아버지께 드리는 편지 · 1

아버지께 드리는 첫 번째 편지 · 1

1931년에 찍은
아버지의 젊은 시절
사진. (당시 내가공립초
등학교 4대 교장이셨던
아버지 서정구 님)

저의 아버지 서정구 선생님은 1911년 2월 23일 생으로 경기도 강화도에서 태어나서 1930년 경성공립사범학교(현 서울교대 전신)을 졸업하시고 서울 숭례보통학교, 서울 창천공립학교에서 훈도(교사)로 근무하셨습니다.

1945년 해방이 되면서부터는 고향인 강화군 내가면에 있는 내가공립초등학교 교장으로 근무하셨습니다. 그 때가 35세였습니다. 그리고 1949년부터 1950년 6 · 25 전까지 강화군 내무과 학무계에서 장학사로 재직하시다 동년 6월 27일 갑자기 강화도를 점령한 인민군 치하에서 배를 구하지 못하고, 피난도 갈 수 없는 섬에서 지방 고위 공무원으로 점령군의 통제하에 벗어날 수 없었던 불가항력의 운명에 놓였던 것입니다.

아버지가 고향 깡촌에서 경성사범을 나오시고 개성으로 처음 발령을 받았을 때 온 동네가 경사났다고 꽹과리를 치며 축하해 주었다고 합니다. 그러나 아버지 서정구 장학사는 동년(1950년) 9월경 인민군이 후퇴할 때 행방불명되었습니다. 한편, 1951년 중공군이 한국전쟁에 참전하면서 발생한 소위 1 · 4 후퇴시 39세의 어머니와 한 살배기 남동생 그리고 77세의 할머니가 경찰이 주도하는 향토방위 특공대에 끌려가 학살당했습니다. 행방이 묘연한 아버지를 월북했다고 단정하여, 우리 가족을 무조건 월북자 가족으로 몰아서 학살한 것입니다.

학살된 어머니와 남동생, 할머니는 2007년 정부에 의해 억울하게 불법 학살당했다고 해서 명예회복 결정이 내려졌고, 어머니를 잊지 못하는 나는 어머니에 관한 시를 지어 길상면 온수리 산 20-10 번지에 시비를 세워 그리움을 삭이고 있습니다.

평생 충직한 교육자로서 공직에 몸을 담아 가족과 학생들을 사랑하시며 교육에만 전념하시고 정치와 무관했던 우리 아버지, 한국전쟁이 아니었다면 아버지는 승승장구하시고 강화의 유지로서 군수도 하시고 국회에도 진출하실 분이셨습니다. 아이들이 6남매나 되는 우리 집으로서는 인공시절 먹고 살기 위해 자의든 타의든 3개월여 장학사로 근무하셨을 것입니다.

그리운 아버지, 행방불명되시고 우리 남은 식구들은 살얼음판에서 공포에 떨며 지냈고, 급기야 아이들 오남매를 남겨놓고 어머니는 불한당(야만인)들 손에 잡히어 학살되었으니 마지막 아이들이 눈에 어리어 어떻게 눈을 감으셨을까요? 짐승만도 못한 놈들은 어린 아이를 안고 있는 사람에게 어떻게 총을 쏜단 말인가? 4살, 6살, 9살, 13살, 15살의 어린 남매들을 남겨 놓고 어떻게 눈을 감으셨을까?

지금도 그들은 반성할 줄 모르고 단체를 만들어 나를 협박하고 순 거짓말로 한 사람도 안 죽였다고 큰소리치며 보수언론에 퍼뜨리고 있다. 일말의 양심도 없는 그들, 이제 세상을 하직할 나이가 되었으니 양심선언하고 화해를 청해야 하지 않을까?

어머니를 끌고 가는 모습을 나는 하염없이 바라보며 엄마라고 불러 보지도 못한 후회가 밀려온다. 아마 10월 초순이었을 것이다. 나는 아버지와 엄마가 마당에서 헤어지는 것을 보았다. 어찌 마지막이 되리라 짐작이나 하였을까. 저녁 7시경이었다. 1월 초라고 기억되는데 세 놈이 복면을 하고 들어와 마루에 서 있는 엄마를 끌고 갔다. 처음에는 양조장에 가두었다. 그 다음 곡물검사소로 옮겼고, 경찰이 1월 2일 후퇴하자 경찰서를 장악하고 난동과 야만의 행위를 벌이다가 1951년 1월 18일 석모도로 후퇴하면서 유치장에 갇힌 사람 약 200명을 사살하였던 것이다. 시신은 어찌되었는지 알 수도 없다. 시신도 거두지 못한 이 한을 어이하리오.

곡물검사소에 갇혀 있을 때 창문으로 내다보며 엄마는 지금은 세상에 없는 나의 동생 서유석에게 너희들 시골 가서 쌀 얻어다 먹고 집에 꼭 있으라고 당부를 하셨다고 한다. 그 말씀이 유언이 될 줄을 누가 알았으리요. 아버지가 오실 것이니 집에 꼭 있으라는 말씀이었지만 이 어린것들은 그 뜻도 모르고 30리 밖 큰집으로 가고 말았습니다. 아버지는 1월 21일 경에 강화에 오셨다고 들었습니다. 집이 텅 비어 남산골 아주머니 댁에 가서 집안 소식을 들으셨다고 했지요?

엄마와 1살 화석이는 특공대에게 학살되고 애들은 큰집에 나가 있나 보다고 남산골 아주머니가 말씀하시니까 우시면서 내가 이렇게 될 줄을 어이 알았겠습니까 하며 큰딸을 데려다 줄 수 없느냐고 부탁 하시며 아들(서유석)을 좀 길러 달라고 당부하며 떠나셨다고 들었습니다. 우리들이 엄마 말씀대로 집에 있었다면 아버지를 만날 수도 있었으련만 어머니의 마지막 유언을 새겨듣지 못한 미련한 우리 남매들, 후회막심입니다.

아버지는 미국 놈들이 들어오면 우리를 다 죽인다고 하셨답니다. 벌써 그 때(1950년 10월경)에 아버지는 이렇게 말씀하셨다니 앞을 내다보신 선각자가 아니었던가요. 아버지와 함께 있던 일행들은 바다를 건너 개풍으로 가셨을 때 미국 놈들의 세균전쟁으로 세균에 감염되어 장티푸스를 앓으셨다는 소식을 풍덕 고모네 오빠한테서 들었습니다. 그 때 오빠는 집에 잠깐 들렀다가 남한으로 내려와 공군 소령이 되었던 것입니다. 그 오빠의 말대로라면 1951년 2월경에 아버지는 고모네 집에서 병을 앓으셨다는 말이 됩니다. 아버지에 대한 마지막 소식입니다.

인자하신 교육자 우리 아버지!

내가 겨우 다섯 살이었을 것입니다. 나는 눈이 아파 매일 눈약을 넣었는데 어느 날 하도 지겨워서 눈약을 넣지 않겠다고 떼를 썼습니다. 아버지는 우리 형제에게 손 한 번 안 대시고 나쁜 욕 한 마디 하지 않으셨던 분이지요. 나는 댓돌 밑으로 쫓겨났고 댓돌이 너무 높아 올라갈 수 없었는데, 나 눈약 넣을래 하니까 아버지는 나를 마루로 올려놓으셨습니다. 어느 날 언니와 나는 손님이 생과자 한 상자를 선물로 가져 오셨는데 하나만 먹자고 언니와 약속하곤 한 상자를 다 먹었습니다. 부모님이 돌아오시고 누가 선물을 가져왔다고 해서 열어보니 빈 상자였을 때, 아버지는 나와 언니를 눈이 오는 겨울 집 밖으로 내쫓으셨습니다. 그 무렵 살던 곳은 종로 누하동이었던 것으로 기억하는데 초가집들도 많았고 집 옆으로 작은 개울물이 흐르고 있었습니다.

그때 나와 언니는 울면서 개울을 따라 내려갔었습니다. 마침 동네 아주머니가 우리가 우는 소리를 듣고 저 애들 서 선생님댁 아이들 아니냐 하시며 자기 집으로 데리고 들어갔습니다. 잠시 후 어머니가 우리를 찾으러 오셨지요. 이렇게 잔잔한 추억을 심어 주시고 아버지는 어디서 얼마를 살다 어느 곳에 묻혀 계실까? 13년 동안 좋은 아버지로 인자함으로 온화함으로 추억만을 남긴 채 사라진 아버지. 혹 어느 곳에서 우리 형제만한 아이들을 볼 때느 어떻게 참고 사셨을까?

엄마가 학살되고 5남매가 고아 신세가 되었으니 우리가 눈에 밟히시어 아버지는 어떻게 사시었을까. 그리운 아버지! 아버지 시詩는 아버지께 보내는 편지에 적혀 있습니다.

내가 다닌 초등학교에는 아버지의 사진이 걸려 있습니다. 나는 아버지가 보고 싶을 때 그 학교에 가서 역대 교장 선생님 중 4대 교장선생님을 쳐다 봅니다. 어느 날인가 물끄러미 아버지를 쳐다보고 있으니 그 곳 교장선생님이 어찌 오셨느냐 물으셔서 우리 아버지를 보러 왔다고 하니 차를 끓여 주시면서 환대해 주시기도 하였습니다. 아버지에 대한 그리움을 사진으로 달래곤 하지만, 아버지의 소식은 언제나 올까 전전긍긍 궁금한 것은 아직도 어쩔 수 없습니다. 나는 건강한 몸으로 오래오래 살아 통일을 꼭 보고야 말 것입니다.

아버지! 저는 1938년 태어나서 서 교장선생님, 서 장학사님 딸로 행복하게 13년을 살았습니다. 상 딸이라고 하시면서 사랑을 듬뿍 주셨지요. 한국전쟁만 아니라면 우리 가족의 행복은 그렇게 날아가진 않았겠지요. 제 남동생이 9살이었을 때 남의 집 살구를 땄다고 나무라시면서 항상 엄한 교육 아래 회초리로 마지막 사랑의 매를 때리셨습니다. 저는 부모님께서 하신 말씀 하나하나 기억으로 다 새기고 있습니다.

1951년 1월 21일 남산골 아주머니에게 큰 아이를 데려다 줄 수 없느냐고 부탁하고 아들을 좀 길러달라고 하셨다지요. 아버지와 어머니가 계실 때에는 다들 아부하던 친척들이 그 때는 오히려 우리들의 돈을 뺏고 괄시를 했지요. 친척들이 무슨 소용이 있습니까. 얼마나 낙심천만하시고 실망하시면서 가슴에 상처를 안고 어떻게 사셨는지요.

통한의 눈물을 흘리시면서 떠날 수밖에 없었겠지요. 저는 불면증에 걸려 고생 하면서도 부모님의 사랑과 행복했던 시절을 기억하며 아버지 소식을 고대하고 건강하게 열심히 살고 있습니다.

올해로 105세가 되시는 아버지!
언제 돌아가시고 어떻게 사시다가 어디 묻혀 계시는지요?
아버지!

1951년 1월 21일에 다시 오셔서 고아들 5남매만 남겨놓고 떠나실 적에 얼마나 찢어지는 가슴을 안고 가셨나요? 어머니의 유언을 못 알아채고 이 어린 철부지들은 아버지를 만나지도 못했지요. 어머니가 아무 죄도 없이 세상을 등졌다는 소식 듣고 얼마나 죄책감에 시달리셨나요. 나는 꼭 건강을 유지하면서 통일될 때까지 살아 아버지 무덤을 찾을 것입니다. 산은 막혔지만 강물은 여전히 북으로 남으로 자유롭게 흐르고 있습니다.

북으로 날아가는 기러기야 소식 좀 전해다오.

한창 참외가 열렸을 때 아버지 손잡고 원두막에 가서 한 보따리 사 왔지요. 교장 선생님 오셨다고 아저씨는 참외를 깎아 주시고 돈보다 잔뜩 참외를 주셨지요. 아버지와 교장 관사에서 살 때의 추억을 못 잊어 여울에 피어있던 붓꽃과 주위에 피어난 코스모스를 그리며 살려고, 우리 집 거실에 붓꽃과 코스모스를 사서 꽂아 놓고 그 시절을 그리워하며 살고 있습니다. 어머니가 쓰시던 개성반닫이와 꼭 같은 반닫이도 사서 안방에 놓았습니다. 나는 손자를 셋이나 거느린 할머니이지만 내 삶은 항상 13살시절 아버지의 사랑을 받을 때에 정지되고 멈추었습니다.

보고 싶은 아버지!

초등학교 5학년 때 친구 집에 갔다가 늦게 들어오면서 나는 야단을 맞을까 봐 얼른 뛰어 들어갔습니다. 아버지께서는 마당에서 장작을 패고 계셨는데, 그렇게 많이 쌓아놓았던 장작은 누가 다 때었을까 생각해 봅니다.

하루는 아버지께서 점심을 드시러 들어오셨는데 어머니가 아파서 누워 계셨을 때 입니다. 우리 어머니는 겨울에 입었던 옷을 봄에 손질하여 장롱에 차곡차곡 놓으시는 등 한꺼번에 일을 하시느라 어머니가 아프신 것입니다. 아버지께서는 그러게 왜 일을 한꺼번에 해서 그러느냐 하시면서 말씀하셨습니다. 아버지의 그 다정한 목소리는 언제 다시 들어볼까요. 나는 부모님이 하시는 이야기를 하나도 놓치지 않고 다 듣고 머릿속에 저장했었습니다. 나는 참 12살의 별난 아이였었나 봅니다.

아버지께 드리는 편지 · 2

아버지께 드리는 첫 번째 편지 · 2

2005년 2월 26일 방통대학교에서 졸업식이 있었다. 나는 드디어 학위를 받게 된 것이다. 형설의 공, 눈이 침침하면 안약을 넣고 10분, 20분씩 쉬면서 아까운 시간 조금도 헛되게 하지 않고 열심히 정상을 향하여 달려 갔었다. 우리 초우회 친구들이 그 추운 날도 마다않고 축하하러 왔다. 윤영전 선생님과 신간사가 그 많은 군중을 헤치고 와서 사진을 찍어 주셨다.

윤영전 선생님은 붓글씨로 서영선 시인 문학사 취득이라고 쓴 글씨로 나를 더욱 축하해 주셨다. 모두모두 고마운 일이다. 2월 27일 저녁, 아버지 생각은 전혀 하지 않았는데 어머니 생각만 하고 어머니가 살아 계셨더라면 이렇게 늦게 공부하지도 않았을 것이다. 그런데 그 날 밤 아버지가 꿈에 보이는 것이었다.

아주 좋은 바위 위에 교회가 있었고 조그만 야산이었는데 그 산을 넘어갈 것이라 하였다. 아버지는 직접 말을 하시지 않고 누구에게 말을 전하고 가셨는데 아버지가 우리 사는 주소를 알고 가시면서 당신 사시는 주소는 알려 주시지 않았다. 나는 꿈에도 섭섭하여 왜 알려 주시지 않았을까를 곰곰 생각하였다. 아버지가 우리를 고생시키고 돌보지도 못한 가운데 그 어려운 공부를 하여 졸업하는 것이 기특하셨을 것이다.

아버지의 영혼이 계시기에 이렇게 오랜 세월이 흘렀는데도 꿈에라도 나타나시어 나를 축하해 주고 계시는 것은 아닐까. 보고 싶은 아버지, 그립습니다. 나를 상딸이라고 하신 말씀 안 잊겠습니다. 사위와 딸 두 손자가 꽃다발을 안겨준다.

참으로 성취감에 행복하다.

아버지
그리움이 지쳐 눈물샘이 마릅니다.
선죽교 만월대 옛 사진 첩
간밤에 홀연히 나의 창을 두드리셨나요.
은하수 타고 오셨나요 무지개 타고 오셨나요 짧은 만남 무언의 모습
여전한 검은 양복 중절모에 단장을 짚으시고
아주 멋들어진 바위 위에 그 뒤로 넘어가신다고 하셨습니다.
교회의 종소리
석양에 비켜 가시었나요
아쉬움에 떨면서 그리움을 지웁니다.
아버지 발자취 따르며 걸어가고파
그 옛날 다니신 서울 거리를
30년 졸업 명예의 전당까지
푸른 생명 보듬고 걸었답니다
찬연한 2005년의 봄
저승의 하늘에서 이승의 땅 끝까지
피고 지는 온갖 꽃들

녹음방초 바위 문 열리고
우수수 낙엽지어 나목으로 남아
온화한 백설이 대지를 두릅니다
시간이 역행하여 멈춘다 해도
맑은 거울 한 면을 정으로 채우고
사르르 사르르 솔바람 불면
나는 한 마리 새처럼 둥지를 틀고
천년만년 그 자리 지키며
언젠가 들려줄 소식 기다리며
그리움의 주소를 써내려 갑니다

- 2005년 4월 5일

아버지께 드리는 편지 · 3

아버지께 드리는 세 번째 편지 · 3

오늘은 2011년 7월 17일 제헌절이다.

나는 강화도 외포리 석모도 가는 선착장의 동네 정포마을에 펜션 오픈 기념식에 갔었다. 그 이름도 깨끗하고 정감있는 "바다생각"이다. 뒤에는 푸르른 산이요 앞에는 멀리 석모도가 보이며 출렁이는 바다가 펼쳐진다. 축하객들의 술잔이 부딪히고 11시가 넘도록 노래와 정담이 넘쳐난다. 나는 기타를 반주하는 선생님과 어릴 때 아버지가 교장으로 계시던 교정을 돌아다니며 불렀던 동요를 마음껏 불렀다.

아! 옛날이여!

"낮에 나온 반달" "꽃밭에서" "동구 밖 과수원길" 정말로 동심으로 돌아가서 소녀가 되었다. 조금 일찍 강화에 와서 나의 소꿉친구 조정애와 점심을 하고 외포리 441번지에 사는 육촌 언니 집을 방문하여 옛 이야기에 무르익었다.

5시에 오픈하는 "바다생각"에 도착하여 지금으로부터 61년 전 항구에서의 비극을 생각하며 아버지 고향집 흘러간 세월의 애환을 그려본다. 아버지를 그리며 비 오는 거리를 사람 한 명 없이 차들만 쌩쌩 달리는 인도도 없는 길을 걸었다.

아버지!

얼마나 고향을 그리워 하셨을까요. 푸르른 들과 파도 철썩이는 바다가 펼쳐지는 마을을 얼마나 그리워 하셨을까요. 어려서 논두렁을 걸으셨던 아버지의 들을 바라보고 왔답니다.

아버지 사시던 그 곳도 이 고향마을처럼 산새 지저귀고 푸른 들 냉이 달래가 나는 곳인가요. 갯벌에 기어 다니는 게들과 해초를 뜯어 먹을 수 있는 마을이었던가요.

옛 고향 생각에, 자식들 생각에, 잠 못 드는 시간이었을 것 같아요. 고만고만한 아이들을 보면서 얼마나 우리 생각을 하셨을까요. 저도 연세 드시고 단장을 짚고 가시는 노신사를 보면 아버지의 그리움이 강물처럼 흐릅니다. 아버지 그립습니다.

그립고 그리운 아버지를 보다

그립고 그리운 아버지를 보다

아버지의 학창시절 선생님과 함께(왼쪽 네번째)

화사하고 아름다운 부모님 결혼식 사진

학생들과 함께 박물관에서 기념 촬영을 하는 모습.

개성 박연폭포 아래서 친구분들과 함께 (오른쪽 첫번째 서 계신 분)

아버지가 가르치던 학생들과 함께 단체사진을 찍고 계신 모습.

강화도 보문사에서 기도하시는 아버지.

강화교육청 시찰단 일동과 함께
기념촬영을 하시는 아버지.
(둘째줄 오른쪽 두번째)

창천국민학교 후원회 행사를 마치고 단체사진을 찍고 있는 아버지.(둘째줄 오른쪽 첫번째)

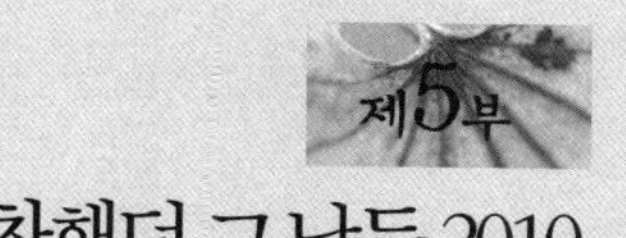

제5부 비참했던 그 날들 2010

노무현 전 대통령 추모제

노무현 전 대통령 추모제

5월 22일 대한문 앞에 나가 빈소에서 꽃을 바치고 추모하였다. 서거 1주기 추모제에 많은 사람들이 추모를 한다. 국장이 치러졌던 상징적인 곳이기에 1년 전의 모습이 떠올랐다. 일 년이 지난 지금, 시청앞 광장은 여전히 인산인해를 이루고 부산에서 동시에 열리고 있는 추모제를 번갈아 보여주며 김제동의 재치 있는 사회로 문성근의 열띤 추모와 그리움의 말, 한명숙과 유시민의 추모의 말들에 군중들은 자리를 지키며 열광하였다. 찬 시멘트 바닥도 아랑곳이 없다.

각종 전단지에는 바보들 바보를 추억하다. 노란 풍선과 노란 티 노란 물결이 나부낀다. 나는 추모제이기에 검은 옷에 노란 손수건을 들고 나갔다. 일 년이 넘었지만 열기는 대단하다. 우리가 잊지 못할 그 사람 바보 노무현 아무리 고통스러워도 굳세게 버티지 못하고 가신 그분이 한없이 그리웠다.

사람을 쪼이고 언론들은 보태서 보도하고 유포하고 그분은 오죽했으면 집이 아니라 감옥 같다고 했을까. 마당에만 나가도 사진을 찍고 안방까지 카메라를 들이대고 부엉이바위와 사자바위에는 사진기자들이 진을 치고 있었다니 그분의 고통이 이루 말로 할 수 있었겠는가. 전직 대통령의 예우는 못 해줄망정 귀향한 대통령을 그리 못살게 하고 이 · 취임식에서 전직 대통령의 예우를 깍듯이 하겠다고 해놓고 어찌 일구이언을 한단 말인가.

추모제는 가수들과 그룹 밴드의 열정적인 공연으로 절정에 이르렀고 부산과 번갈아 보여주는 영상을 보면, 부산에는 비가 많이 오는 것 같았다. 모두 비옷을 입고 정렬하게 앉아 있었다. 서울 광장에는 가족 단위로 온 사람, 어린아이를 어깨에 올려놓고 있는 시민, 어린 초등학교 학생과 가족들이 무리지어 앉아서 열광한다. 인천에서 왔다는 여학생이 내 옆에 앉아 이야기하고 손 피켓을 열심히 흔들고 있는데, 흥분과 열정과 애련과 존경과 그리움의 도가니였다.

대통령의 자서전 『운명이다』에 실린 글처럼 곳곳에서 너그럽고 후한 추도사가 나왔다. 하이에나가 우글대는 황량한 들판에서 그가 홀로 쫓기고 있을 때 동정의 눈길 한 번 주지 않았던 모든 것이, 그가 자초한 일이라며 돌을 던졌던 사람들도 슬픈 표정을 지으며 그를 추도했다. 사랑할 만한 사람을 사랑했음을 인정받기도 했지만 조금도 기쁘지 않았다. 그를 부엉이 바위로 오르게 한 주역들은 한 오라기의 후회도 내비치지 않았다. 그의 죽음 앞에 최소한의 예의도 지키지 않는 사람들이 여전히 많다. 그들은 그가 살아 있을 때 그랬던 것처럼 떠난 후에도 여전히 그를 향해 침을 뱉고 돌을 던졌다.

나는 이 책을 읽으며 밀짚모자를 쓰고 자전거 타는 모습이 눈에 어리고 한없는 애련과 슬픔이 밀려옴을 어찌 할 수 없었다. 봉하마을에 가 보니 평화로운 고향땅에서 남은 여생을 아름답게 지낼 수 있었을텐데 독사들에게 물려 생을 마감하신 대통령님 그립습니다.

- 2010년 5월 23일

노무현 전 대통령 노제에 다녀와서

노무현 전 대통령 노제에 다녀와서

장례식날이다. 아침 일찍 경복궁역을 갔지만 벌써 길은 차단되고 광화문으로 향할 수밖에 없었다. 시청앞과 광화문 거리에서 많은 인파 속에 노대통령의 영구차를 기다렸다.

시청광장과 광화문 거리에는 발디딜 틈조차 없었다. 나는 큰딸을 데리고 갔었다. 노란 물결 노란 모자 노란 풍선 노란 마후라 온통 노란 물결이 출렁거린다. 나도 팔과 손목에 노란 손수건을 두르고 가신 분을 추모하였다. 사람들 틈에 끼어 그분을 보내 드리려고 하였으나 사람들은 보내 드리지를 못하고 영구차에 매달리는 사람, 통곡하는 사람, 사진 찍는 사람, 노대통령이 좋아하고 즐겨 부르던 '상록수' 가 울려 퍼지고 가수들의 노래소리도 들렸다. 하늘에는 풍선이 나르고 종이 송이들이 날렸다.

많은 사람들의 물결속에서 나와 서울역으로 향하였다. 마지막 가시는 모습을 보려고 딸과 함께 상록수를 부르고 박수를 치면서 명복을 비는 마음으로 두 손 모아 기도하며 보내 드렸다. 참으로 비극적인 소식을 듣는 날 망연자실하여 밥도 못 먹고 모든 일을 손에서 놓아 버렸었다.

나는 지금도 가끔 상록수를 부르고 있다. 얼마나 괴로웠으면 글을 읽을 수도 쓸 수도 없다고 하였을까. 전직 대통령이 자살하는 나라가 지구상 어디에 있단 말인가. 우리 억울한 사람 편에 서서 민주화를 이루고 낮은 사람에게 섰던 그분 다시는 그런 분을 만날 수 있을까. 더더구나 우리 유족들의 한을 풀어 주려고 과거사법을 만들어 주신 분이다.

나는 하염없는 슬픔에 젖어 뉴스를 보며 눈물을 흘렸다.

봉하마을 집이 감옥 같다던 분 어떻게 그렇게 쉽게 가실 수 있습니까? 주위의 고통 덜어 주려고 결심을 하실 수 있단 말입니까? 5월 23일 타계하신 뒤로 펜을 들 수 없지만 이 미흡한 글줄이라도 남기지 않으면 영영 잊어버릴까 두려워 두서 없는 글 몇 자 올립니다.

- 2009년 5월 29일

노무현 전 대통령 49제에 다녀와서

노무현 전 대통령 49제에 다녀와서

평화재향군인회에서 가는 봉고차에 몸을 실었다. 정혜열 여사와 다른 분들과 함께 나의 책『한과 슬픔은 세월의 두께만큼』이란 책을 갖고 갔다. 실은 노무현 퇴임하시는 날 서울역에 나가서 드리려고 하였지만 접근할 수가 없어 그냥 갖고 들어올 수밖에 없었다.

49제 오늘도 무척이나 덥다. 봉하 마을까지 차가 들어가지 못하고 2Km정도 걸어 들어갔다. 동리에서 영상으로 보여 주는 것을 보고 땀을 식혔다. 나는 이 책을 권양숙 여사에게 전하여 줄 궁리를 하다가 어떤 분에게 물으니 저기 노사모 사무실에 놓고 가라고 한다. 나는 책 첫장에 이렇게 썼다. 노무현 대통령님은 우리의 과거사법을 해결해 주신 분입니다. 나는 1 · 4 후퇴 당시 할머니와 어머니, 한 살 남동생을 잃은 사람이다.

"권 여사님 건강 꼭 지키셔야 합니다. 귀여운 손녀 서은이를 위해 건강 지켜 주십시오."란 당부의 글을 써서 노사모 사무실에 맡기면서 꼭 전해 드리라고 하였다.

봉하 마을에 가 보니 사저는 전 대통령의 집이라고 하기엔 너무나 수수하였다. 집 뒤에 있는 부엉이 바위도 바라보았다. 아담하고 추억서린 고향 마을, 마을에 잘 들르시는 가게에서 막걸리도 마시고 담배도 피워 물으시며 이야기도 하시고 밀짚모자를 쓰시고 논 가는 모습도 거기에 있었다. 자전거에 손녀를 태우고 달리는 모습, 이 모두 순수하고 서민적인 노 대통령님의 모습이다.

어찌 그 모습 다시 볼 수 있을까요?

기타 치며 상록수를 부르는 모습 다시 볼 수 있을까요. 고향 마을에 돌아와 조용히 살겠다던 소원을 가진 전 대통령님을 어찌 죽음으로 몰았단 말인가.

저 높이 보이는 정토원에 사람들이 가고 있었다. 봉하 마을 그렇게 소원하던 마을에 전 대통령님의 모습은 볼 수 없고 칠월의 풀벌레 소리와 뜨거운 햇볕만이 우리를 반겨 주었다.마을에 작은 비석 하나 남기라는 유언에 따라 노무현 대통령이라는 비석의 글귀만이 우리를 우울한 슬픔이 북받치게 하였다.

임태환 목사님은 흰 국화송이를 사서 나에게 주시고 우리 일행은 함께 참배를 하였다. 돌아오는 발걸음은 쓸쓸하고 슬픔만 더했다. 억울하고 가난한 사람들의 편이 되어 줄 분들은 모두 유명을 달리하시고 우리는 어디에 의지하고 살아야 할까. 비운은 왜 떠나지 않는 것일까, 하염없는 우울함과 답답함을 지면에 호소할 수밖에 없는 심정이 마냥 슬프기만 하다.

- 2009. 7. 10.

아이티의 지진

아이티의 지진

2월 초순경 어느 날 뉴스를 보았다.

아이티에 지진이 지나간 지 27일이 되는 날 28살의 청년이 살아 나왔다. 그 청년은 첫마디가 누가 물을 주었다고 횡설수설 하였다. 건물 밑에 깔린 28살 그 청년은 물을 전혀 먹을 수 없는 그런 조건에서 27일을 견디었다는 것은 분명 생명을 주신 존엄한 분의 보살핌이었다. 누구도 귀한 생명은 함부로 가져갈 수 없는 것이다. 전쟁터에서의 정당방위가 아니면 누구도 함부로 생명을 가져갈 수 없을진대 한국전쟁 당시 후방에서 살던 가족들, 아무 죄도 없는 사람들. 얼마나 많은 학살이 있었던가. 나는 이 청년의 끈질긴 생명줄을 보며 청년방위특공대에 희생된 나의 어머니, 남동생, 할머니를 생각하며 절규한다.

다시 강조하면 이 정부는 양민학살에 대한 책임을 지고 배보상은 물론이고 남아 있는 가족들에게 정당한 위로가 있어야 할 것이며, 반세기가 지나가고 있는 지금 어떻게 시대정신이 바뀌어야 할 것이며, 어떤 사회를 만들어야 할 것인가 생각 있는 정치인과 정부라면 적극적인 관심을 가져야 할 것이다. 내 생명이 있는 한 잊을 수 없는 비극, 한시도 잊은 적이 없다. 시간이 지나면, 세월이 흐르면 해결할 수 있으리라는 말은 점점 뇌리에서 더 묻혀 몸부림칠 뿐.

마음이 아프면 건강도 해친다는 것은 너무 잘 알지만 아 어쩌면 좋단 말인가. 그러나 나는 아직 할 일이 많다. 나의 할 일을 생각하여 몸도 마음도 건강하게 씩씩하게 갖도록 다짐을 해 본다.

- 2010

60주기 제 13회 위령제

60주기 제 13회 위령제

아침부터 비가 내려 걱정이 된다.

60주기 제 13회 위령비 제막식과 추모제를 지내야 하기 때문이다. 나는 송정에서 정혜열, 오원록, 유영달, 화순회장과 만나 사위의 차를 타고 갔다.

사위는 우리를 데려다 주고 평일이기 때문에 도로 직장에 갔다. 점심은 토종닭 집에서 먹고 현장에 도착하니 강진구 선생, 이시우 부부 등 평통사에서 모두 나와 준비하고 있었다. 의자 놓기는 협소하나 몇 줄 의자를 놓고 손님들은 모두 앉아 계셨다. 서울에서 오신 김동춘 교수, 강정구 교수, 전창일 선생, 이창복 선생, 김병태 교수, 최천택 교수, 최종대 선생, 김수남 선생 그리고 멀리 동두천에서 오신 유양원 선생 등 모두 열성을 보내 주시는 분들이 대거 참석하셨다.

교통도 불편한 이 곳에 오셔서 격려와 축하를 보내 주시고 위로를 주셨다. 추모비건립위원회는 오늘로써 임무를 완수하고 저녁에 해단식을 하였다. 모두들 수고하셨다. 2009년 발족하여 그 동안 군청에서도 많이 협조하여 140평의 대지에 322명의 영혼들을 모셨다.

나는 추모시를 써서 마음을 전하고 갑곶리에 해 놓았던 어머니 추모 시비를 며칠 전에 옮겨 놓았다. 오원록 해남유족 회장님, 고양 회장과 총무, 정혜열 님, 김화자 님, 윤호상 연합회 대표님 모두 감사할 따름이고 군청에서 총무과장님이 참석하셨다. 비문은 전 진실화해위원회 상임위원이시며 현 성공회대 교수이신 김동춘 교수님께서 써 주셨다.

상석은 신영복 교수님이 써주셨다. 비문의 철판은 비를 맞거나 하면 녹이 흘러내릴 것이다. 그것들은 원혼들의 핏물이라고 한다. 과연 예술가의 아이디어다. 민족시인 이기형 선생님, 황두환 선생님 두 분이 노구에도 불구하고 참석해 주시니 감사한 마음 금할 길 없다. 약 백 명이 참석하였다. 윤영전 선생님은 추모 노래를 불러주시고 나는 건립위 대표이신 정찬성 목사님께 감사패를 증정하였다. 나의 추모시 전문 「이제는 울지 않으렵니다」를 낭송한 후, 모두 국화꽃을 놓고 추모를 하였다. 큰 길가에 있는 봉평막국수 집에서 저녁을 대접하고 버스 편으로 귀가하였다. 모두 저에게 큰일을 했다고 칭찬하시고 감동받았다고 하셨다. 322명의 영혼이 평안한 잠에 깃들기를 바라마지 않는다.

새들이 지저귀고 전망이 탁 트인 아늑한 곳이다. 역사적인 쾌거이다. 다시는 이런 비극이 없기를, 관광객들도 이 비극의 자리를 관람하고 자라나는 후세들이 비극의 역사현장의 이 자리에 직접 눈으로 보고 현대사를 공부하기 바란다.

- 2011. 10. 14

김대중 전 대통령을 추모하며

김대중 전대통령을 추모하며

올 여름처럼 뜨거운 계절은 없는 것 같다. 연일 30도가 넘는 날들이 계속된다. 나는 오늘도 어머니를 생각하며 잠이 들고 또 깨어 일어났다. 나는 여의도 김대중 전 대통령 분향소를 찾아 갔다. 많은 사람들이 줄을 서서 대기하고, 분향을 하고, 상주들과 인사하고 김대중 전 대통령의 일기 『인생은 아름답고 역사는 발전하다』를 받고 김 대통령의 일생을 생각하며 인동초란 이름을 얻으신 그 분을 추모한다.

다섯 번의 죽을 고비를 겪고 민주주의를 위해 생을 바치신 분, 2009년 8월 18일 1시 43분에 연세대 세브란스 병원에서 조용히 생을 마치셨다. 조금 더 사시어 이 나라 이 정부에 조언을 하시면 얼마나 더 좋았을까 하는 아쉬움과 함께 그분의 명복을 빌었다.

오늘은 장례식에 가려고 준비하고 있다. 87년 이후 10년 만에 건국 이후 평화적 정권교체를 이루신 분. 2000년 6월 13일 역사적인 쾌거 김정일 국방위원장과 악수하며 남북 화해의 틀을 만들었다.

다섯 번의 죽을 고비를 넘기고 불행의 위기를 극복하신 대통령님, 불굴의 의지로서 낙선 하시면서도 끝내 대통령의 꿈을 이루신 위대한 지도자시여! 이희호 여사의 내조 덕분도 많았지만 행・불행을 반복하면서 오늘을 이루신 분, 하늘나라에서 영면하소서!

시청 광장에서 영구차를 기다렸다.

이희호 여사가 단에 올라가 연설을 하셨다. 남편의 유지를 말씀하시면서 "국민에게 감사한다" 장례식 내내 고개를 들지 않고 흐느끼던 여사의 목소리는 너무나 낭랑하다. 우리 일행은 추모제를 지녀고 뜨거운 땡볕에도 견뎌가며 시청 앞 도로로 뛰어가 마지막 가시는 김 전 대통령을 보내 드렸다.

어느 신사가 악수를 청해온다. 젊은 사람 속에서 이런 노인도 있구나 하는 것 같았다. 나는 아는 분인가 하고 보았지만 전혀 모르는 분이다. 나는 국회의사당으로 향했다. 오늘 의사당에는 북한 조문단이 왔다. 김정일 국방위원장이 보낸 조화가 큰 차에 실려 도착하고 이어 차번호 0번에서 3번까지의 승용차가 도착했다. 분향소 아주 가까이에서 내려가는 북한 조문단 얼굴은 보기 힘들었다. 경계가 너무 삼엄하고 전경들은 길 양 옆에서 접근을 못하게 한다. CBS 기자가 인터뷰를 청해왔다. 나는 이산가족입니다. "저분들하고 이야기를 하면 좋겠는데 이 모든 것이 허락되지 않는군요."

우리 일행과 연도의 시민들은 박수를 치며 환영했고

우리의 소원은 통일

꿈에도 소원은 통일

노래를 목청껏 부르며 울먹였다. 역사적인 이 순간 정말 우리는 통일을 보고 죽을 수 있을까, 안타까운 외침을 하느님은 보고 계실까. 나는 그리운 아버지를 속으로 애타게 불러보며 어느 하늘 아래 어느 땅에 묻혀 계실까, 향년 99세 2000년 이산가족 상봉 때 소식이 없는 것을 보고 그 이전에 돌아가셨을 것이라 생각했다.

얼마나 안타깝게 우리 5남매를 그리며 아픈 상처를 어떻게 하셨을까. 30분을 기다리니 북한 조문단이 나와서 승용차로 돌아갔다. 김대중 전 대통령님은 살아 생전 민주주의와 남북 화해와 평화를 이끄셨지만 돌아가시면서까지 남북화해를 불러오셨구나 하고 생각이 든다. 이런 존경스런 큰 분이 조금 더 사시면서 조언도 하시고 이끌어 주셨다면 하는 아쉬움이 간절하다. 부디 평화의 하늘에서 영면하소서.

- 2009년 8월 22일

전국의 지방 위령제를 돌아보면서

전국의 지방 위령제를 돌아보면서

2009년 10월 20일부터 유족회에서 대절한 봉고차를 타고 각 지방 위령제를 다녔다. 강화위령제가 끝난 이틀 후 우리 강화위령제에 오셨던 유족회는 꼭 가야 하기 때문이다.

20일은 순천위령제다. 여기는 위령탑을 잘 해놓은 곳이다. 장준표 회장님이 주관하시는데 유족들도 많이 왔고 KBS에서 취재해서 저녁 7시 뉴스에도 방영하였다.

순천에서 해남으로 갔다. 21일이 해남위령제다. 원래 불면증이 있는 나는 잠을 충분히 못 이루고 머리는 맑지 못해 잠 잘자는 사람을 보면 부럽다. 해남위령제는 2시에 하고 해남에서 첫 밤을 보낸 후 완도로 갔다. 완도는 첫 위령제인데도 완도 군민회관에서 준비가 잘 되어 있었고, 김보희 회장의 아드님인 김용수님이 추모시를 지어 낭송을 하였다. 보지도 못한 할아버지에 대한 사랑을 하소연으로 푸는 것 같았다. 김보희 회장님도 부모를 잃고 두 동생을 돌보는 가장이 되었다고 한다. 나주 경찰부대가 인민군으로 가장해 완도에 와서 환영대회를 유도하고 주민을 기만한 나주부대는 그 환영대회에 참석한 주민들을 무차별 학살한 것이다. 바다에 수장해 청해진 바다는 핏물로 물들었고 산골짜기는 시신이 누워 눈 바다가 되었다고 한다.

잠시 짬을 이용하여 명사십리 해변과 장보고의 동상도 돌아보았다. 우리 일행은 23일 구례위령제를 참석하기 위해 구례로 떠났고 정 여사와 이경숙 간사는 서울로 갔다. 우리는 구례에 가서 저녁식사를 하고 잠자리에 들었다. 3명이 넓은 방에서 잠을 청하니 모처럼 깊은 잠을 잤는가 보다. 완도에는 건어물이 유명하다 하여 우리 일행은 많은 건어물을 샀다. 나는 별로 살 생각이 없어서 안 샀는데 서병규 회장님은 김을 사서 주시고 이경숙 간사는 미역을 사 준다. 너무 미안하다. 구례에서는 정근 고문님과 그의 아드님인 정재원 씨가 살갑게 맞아주었다. 매일 강행하는 일정 속에서도 나는 나의 강함을 시험대에 올려놓고 있었다. 구례는 10시 30분 위령제를 마치고 서울로 향하였다. 구례는 서시천에 위령탑을 잘 세워놓았다.

특희 문희원 가수의 산동애가는 애절하기 한이 없다. 오빠를 잡아가려 하자 오빠는 우리 집의 씨를 이어줄 사람이니 나를 잡아가라고 하였단다. 19살의 여동생이 대신 끌려가 죽었다고 한다. 오빠는 여동생을 생각하고 못 잊어 하다가 얼마 못 살았다고 한다. 가사는 "잘 있거라 산동아 나는 간다"라는 애절한 가사다. 집에 오는 도중 윤영전 선생께서 광주위령제의 추모시를 부탁한다.

나는 집에 와서 추모시를 써서 보내고 24일 태안위령제를 가기로 하고 피곤한 몸을 뉘었다. 19일부터 나가 23일에야 돌아 왔으니 나흘 만에 집에 돌아와 하루를 자고, 아침 일찍 진화위에서 출발하는 8시 차를 타고 태안으로 갔다. 위령제는 오전 11시, 태안군청 2층 강당에서 지내고 지하 식당에서 식사를 하는데 반찬이 바다 내음이 나는 듯 맛깔스럽다. 정석희 회장님의 동생 정창희 시인은 "나는 아버지를 모른다"라는 시를 낭송하는데 눈물이 나왔다. 유복자인 것이다. 태안도 희생자가 1,036위가 된다.

나는 며칠을 위령제에 다니며 전국곳곳에서 이렇게 많은 희생자가 발생했다니, 바다나 야산에 그렇게 죽여 수장 또는 야산에 묻혀있는 이 엄청난 학살이 정말 놀라운 숫자가 아닌가.

10월 30일에는 전남 광주위령제에 갔다. 첫 번째로 내가 시낭송을 하고 위령제가 시작되었다. 안병욱 위원장님도 오셨다. 우리는 무궁화열차를 타고 서울로 왔다. 이어 31일에는 평택위령제가 있었다. 마지막 순서로 내가 시낭송을 하는 도중 너무나 울음이 북받쳐서 울먹이며 시 낭송을 했는데 정회선 회장님도 함께 울었다고 한다. 지금은 모두 70이 넘은 노인이지만 그 때는 모두 10대의 불쌍한 소년소녀들이었다. 장장 7곳을 돌고 돌아다니면서 재판절차도 없이 가신 영령들을 위해 애절한 마음으로 시를 낭송하였다. 어느덧 10월은 가고 11월로 접어들었다.

11월 7일에 김포위령제가 있었다. 여기는 부역혐의 학살이다. 경찰과 치안대에 의해 임신부까지도 목숨을 잃어야 했다. 짐승도 새끼 밴 어미는 사냥을 안 한다고 한다. 생명과 재산을 빼앗기고도 어디에도 하소연 할 데가 없었던 유족들, 참으로 떨리고 몸부림치고도 모자랄 이 역사를 어찌 한단 말인가.

전주 보도연맹 위령제가 11월 20일에 전주 경기전 정문 앞마당에서 열렸다. 날씨가 추워서 밖에 세 시간 가량 있으려니 몸이 얼어오는 것 같다. 맨 끝 부분에서 나는 추모시를 낭송하였다. 양원진 회장님의 첫 위령제이기에 마음이 쓰인다. 위령제를 마치고 고속버스를 타고 집에 오니 밤 10시가 넘었다. 피곤하긴 하였지만 각 곳의 영령들을 위로하고 오니 보람이 있는 것 같다.

- 2009년 11월

2009년 11월 17일에 방영한 시사기획 쌈

2009년 11월 17일에 방영한 시사기획 쌈

2009년 10월 9일 강화 가서 시사기획 쌈 프로그램 촬영을 했다. 내가 살던 집과 강화성당에서 동네를 내려다보며 찍었고 강화 초등학교 교정도 둘러보았다. 교실은 옛 그대로가 아니었지만 내가 살던 동네는 변함없이 60년의 성상을 말해 주고 있다.

23살 1960년에 갔을 때 그 곳 선생님은 학적부를 보고 공부 잘하셨네요. 지금은 정년퇴직한 나의 동창 선생을 이야기하면서 유 선생님과 동창이셨네요. 나는 상념에 젖어 울음을 삼키며 그리운 어머니를 생각하자, 애처로운 심정이 한꺼번에 토해지며 60년 전을 상기시킨다.

갑곶에 갔다. 어머니의 시비를 청소하고 어머니 시를 읊었다. 11월 17일 방영한 시사기획 쌈을 시청한 많은 분들이 전화를 해 주셨다. 그리고 저녁 7시 성공회대학교 노무현 전 대통령 콘서트에 참석하였다. 권양숙 여사가 와서 인사하는 모습을 화면을 통해 보았다. 온통 젊은 청년 학생들로 교정을 메우다 못해 밖에까지 인산인해를 이루었다. 그 열기는 식을 줄 몰랐다. 집에 오니 퍽이나 늦은 시간이 되었다. 오늘은 일요일이다. 유난히 내 남동생 생각을 하다가 강화 위령제 건에 관한 글을 쓰다 깜빡 잠이 들다 깨어났다. 그리고는 생각에 생각이 점철되어 잠을 이루지 못했다.

1961년 6월 의문사한 우리 남동생이 1960년에 써 놓은 일기장을 꺼내 보았다. "오늘은 어머니의 호수돈여고 졸업 앨범을 보았고 지금이라도 어머님이 살아 계셨다면, 날 사랑하시던 어머니가 생각나서 마냥 슬퍼진다."고 써 놓았다. 그리운 내 동생, 지금 살았다면 67세가 된다. 그만한 또래의 남자들을 보면 내 남동생이 너무 보고 싶다. 이 누나는 네가 그리워 글을 쓰면서 눈물을 흘린다. 그리운 사람들, 보고 싶어도 볼 수 없는 사람들, 목이 메이고 벅차오르는 감정, 어이 할 수 없어 시야를 가리는 눈물, 이 비애를 이 한을 이 슬픔을,어머니, 아버지, 화석이 하늘나라에서 영면하시고 평화와 행복을 이루소서.

이틀 전에도 유석이의 일기장을 꺼내보았다. 학교 앨범을 보면서 그리운 어머니 나를 사랑하시던 어머니 하면서 그리운 마음을 줄줄이 써 놓았다. 유석아 보고 싶다.

서유석은 내 아래 남동생이었고 1951년 1월 4일 후퇴 당시 9살이었다. 우리 5남매는 뿔뿔이 흩어져 살다 두 누나가 성인이 되어 변변치 못한 직장이나마 다니면서 남동생을 공부시켜 집안을 다시 세우려 결심했었다. 살아남은 가족들은 연좌제에 묶이어 우리 3남매가 사는 방에 경찰이 찾아다니고 유석이 학교에도 찾아왔다고 했었다. 반공을 국시로 하는 박정희 정권은 어려서 고아가 되어 한 많은 삶을 살아야했던 우리 남매들을 감시하였다.

1961년 6월 24일 토요일이었다. 반공강연을 듣고 집으로 돌아오던 내 남동생이 밤섬 샛강에서 의문의 죽음을 당했다. 이렇게 박정희 정부는 우리를 감시하고 내 남동생까지 의문의 죽음에 이르게 하였다. 나는 지금까지도 이 한을 못풀고 있다.

동생이 죽은지 41년 만에 담임선생님을 찾아갔지만 모른다고 하였다. 담임이 모르면 누가 안단 말인가. 올해 또 담임을 찾아 갔지만 치매 걸리신 선생님은 나를 알아보지도 못하였다. 나는 이제라도 무슨 결정적인 말이라도 들을 수 있으리라 기대했었는데, 마음이 착잡해 걸으면서 현기영 선생님의 "지상에 숟가락 하나"의 구절이 생각난다.

제주도 4 · 3 사건의 소설에 한 고등학교 선생님이 자신의 아버지를 끌고가 죽인 사람의 아들 담임을 하게 되고, 혹시나 아버지의 어떤 소식을 들을까 해서 그 집을 찾아가지만 동네 초입에 들어서니 그 집에 조등이 걸려 있었다.

내가 동생의 담임을 찾아간 일과 이렇게 흡사할 수가 있을까. 우울하다. 나는 이제라도 무슨 결정적인 말이라도 들을 수 있으리란 심정으로 갔지만 나를 알아보지도 못하였다.

- 2009. 10. 17.

시사기획 쌈 방영하다

시사기획 쌈 방영하다

저녁 10시 안양봉 기자가 KBS에서 방영을 한 것이다. 나는 우리 형제들과 두 딸, 사위, 손자들까지 시청을 했고 사돈과 동네 아파트에서도 보신 분이 많앗다. 우리 유족들도 모두 보신 것 같았다. 우리 손자는 할머니 언제 또 나와 하면서 재촉하였다 한다. 강화에서 촬영하고 집에서도 찍었지만 내가 시 낭송하는 것만 나왔다. 전국의 김해, 마산, 경산, 여러 곳이 방영됐지만 고양시에서 위령제 하는 것은 지금도 가끔 보고 있다.

애달픈 어머니 시를 낭송하며 속울음을 울고 있을 때 최명진 위원장도 울었다고 한다. 그의 딸이 "엄마! 아빠 울어" 하더란다. 얼마 후 제천에 계신 김안기 신부님께 전화하니 그분 사모님이 보셨다고 하시면서 이야기를 하시는데 고맙기 한량없다. 그 이튿날 향린교회에 갔더니 거기 계신 선생님과 목사님도 보시고 강정구 통일연구소 소장님, 사모님도 말씀하신다. 역사는 거짓이 없고 반백 년이 넘었어도 증표가 있기에 조명이 되는 것이다. 우리는 너무 억울하고 분노에 떨지만 한편으로 언론도 도와 주고 위로를 보낼 때 많은 위안을 받는다. 서영선 시인은 어머니의 억울한 죽음과 그 후의 두 동생들의 죽음을 시로 풀었다고 해설을 해 주었다.

- 2009년 11월 17일

용산참사

용산참사

2010년 새 아침이 밝아왔다.

용산 참사가 일어난 지 거의 일 년이 됐다. 나는 일주일에 평균 두 번은 그 곳(남일당)에 미사를 갔다. 여섯 분의 목숨을 앗아간 남일당 건물 곳곳에는 각종 현수막이 걸려 있고 예술인들이 참여하여 그림도 많이 그려져 있다. 문정현 신부님과 이강서 신부님은 천막을 치고 기거하시며 여러 신부님들과 단식기도 하시는 도중에 문규현 신부님이 졸도하시어 병원으로 실려 가시기도 하였다.

1월 6일이다. 마지막 미사가 7시에 있었다. 나는 완전 무장을 하고 간다고 하였지만 그 추운 겨울밤을 세 시간 가량 있으니 몸은 꽁꽁 얼어 왔다. 그러나 이 엄동설한에 돌아가신 분들도 있는데 이런 고행쯤이야 참아야 한다고 다짐을 하였다. 신부님이 80명, 수녀님이 약 100명 가까이 오시고 신자들 모두 합하면 1,000명이 넘을 것 같았다. 많은 사람들이 떡국을 끓여 대접도 한다. 나는 신자도 많이 만났고 돌아오는 길은 그분들이 안식을 찾고 유족들도 안정된 생활로 돌아가기를 간절히 기도하면서 전철에 올라 집에 오니 밤 열 시가 넘었다. 공권력에 의해 고생하시고, 희생자들은 장례도 못 치르는 것을 보니 동병상련이랄까, 분노가 내 마음속에서 굽이쳐 흐른다.

1월 9일 장례식날이다. 오전 열시에 장례식이고, 노제를 3시에 남일당에서 지낸 후, 저녁 6시 모란 공원에서 안장식이 있다. 오후 3시에 맞춰 희망연대 선생님들과 남일당으로 갔지만 좀처럼 장례행렬은 도착하지 않는다. 경찰들이 방해를 했기 때문이다.

2시간이나 늦은 5시에 도착 노제를 지내는데 도중 눈이 흩날리더니 제법 굵은 눈송이가 내려 모두 외투를 적시고 모자를 쓰지 않은 분들은 머리에 눈이 하얗게 내려 앉았다. 야당 의원님들도 많이 오셨다.

정동영 · 강기갑 · 이종걸 의원, 노회찬 진보신당 대표 등 정치인들이 보였다. 문정현 신부님은 인사말에서 정부가 이렇게 대하는 것은 억울한 사람들에게 도전하는 것이라고 언성을 높이시고 이상림 씨 부인과 한대성 씨 부인인 권명숙 씨는 조사를 읽으며 연신 눈물을 흘렸다. 아니 마지막 가시는 그분들에게 정부는 꼭 이렇게 대하여야만 될까 하고 또 분노가 치민다. 우리 어린것들이 당했던 인권유린, 이렇게 60년이 흘러 이런 억울함을 또 보니 어안이 벙벙하고, 왜 없고, 가난하고, 약한 자들은 이렇게 당해야 하는가. 그래도 이분들은 늦기는 했지만 장례식도 치르고 생활터전도 어느 정도 마련 된다고 한다. 우리는 60년 전 이승만 정권에 의해 아무도 돌보지 않는 길에 버려지지 않았던가. 우리의 억울함은 지금이라도 철저하게 진상규명이 되고 배, 보상도 받아야 한다. 그래서 우리의 억울함을 국가가 인정해야 하고 국민의 인식도 바뀌어야 한다.

용산 참사 유족들, 이제는 눈물을 거두고 남아 있는 자녀들을 위해 용감하게 사십시오. 돌아가신 여섯 분의 명복을 빕니다. 하늘나라에서 편히 쉬십시오.

- 2010

제6부

가해자와의 만남

가해자 한상준과의 면담

가해자 한상준과의 면담

저는 강화 유족회장 서영선입니다.

저의 어머니 사망신고를 제 날짜에 하려고 찾아 가기도, 전화도 했습니다. 아마 한 선생님도 부모님 제사를 지내고 성묘도 하겠지요.

특공대들은 경찰이 1951년 1월 2일 철수한 후 경찰서를 장악하고 갑곶나루와 옥계갯벌 등으로 데려가 죽이고, 18일 석모도로 후퇴하면서 경찰서 안에서 약 200명을 죽였다고 한다. 나의 어머니가 경찰서 안에 갇혀 계신 것을 내가 아는 이상 그렇게 모른다고 잡아뗄 수가 있는 건가요.

장소와 날짜를 알려고 애를 써도 그들은 함구하는 것으로 일관하고 있다. 정보부장 신택균이가 나를 데리고 경찰서로 가서 아기만 떼어내 데려가는 것을 나는 하염없이 바라만 보았었고, 그때 한상준은 통신부장이었다. 곡물검사소와 경찰서에서 일을 하고 석모도로 같이 후퇴했다가 다시 돌아온 그들이 모른다는 것은 말도 되지 않는다. 나는 조사관의 주선으로 한상준과 면담을 하게 되었다.

나는 이제 반세기가 지났기에 어떤 적대적 감정도 없이 허심탄회하게 말하고 싶었지만 상대방은 그것이 아니었다. 모른다고 연극만 할 뿐이었다. 우리 동네에는 정보부장 신택균, 통신부장 한상준, 부원 정보회가 살고 있었고 정보회와 한상준은 중학교 동창이라고 한다. 정보회는 신택균이가 살던 집까지 알고 있는데 한상준은 신택균의 집도 모른다고 딱 잡아떼는 것이 아닌가. 이런 비양심을 가진 사람들!

1월 6일로 정하여 제사도 지내고 매년 강화위령제를 지내고 있지만 어머니가 돌아가신 날짜와 장소를 정확히 알아 사망신고를 하고 싶을 뿐이었다. 내가 23살이었을 때 면서기인 나의 동창이 자기 맘대로 신고를 해주어 어머니는 1953년 사망, 남동생은 1956년도로 되어 있었다. 나는 결정문을 갖고 법원에 가서 여러 가지 서류를 구비해 결국 법원의 등본을 받아 본적지에 신고를 하게 되었다. 억울하게 돌아가신 것만도 한스러운데 사망일도 엉터리였으니 얼마나 한이 되었는지… 나도 이제 고령으로 접어들어 노년을 보내고 있는데 어머니와 아버지 호적을 정리 안하면 안 될 것 같아 아버지 연세 99세, 아버지도 법원의 실종선고를 받아 정리를 하였다.

아버지 어디서 사시다 어디에 묻혀 계시온지 이 딸은 생전 아버지의 소식 듣기를 학수고대 합니다. 정직하고 곧고 짧게 사신 우리 부모님 천당에서 만나 평화를 누리소서.

- 2009

강화위령제

강화위령제

오늘은 강화민간인학살 본도와 교동도의 고유제와 추모제를 하는 날이다. 어젯밤 천둥 치고 밤새도록 비가 내려 걱정을 많이 했는데 아침이 되자 비가 싹 걷히고 맑은 날이 되었다. 아마도 영령들께서도 너무 슬퍼 밤새도록 우셨나 보다. 밝은 햇볕이 내비쳐 이 자리에 나왔노라 하시며 바람으로 신호를 보내는 것 같다.

강희락 경찰청장의 추모사를 강화 경찰서장이 대독하고 김태영 국방부 장관의 추모사는 강화에 주둔하는 해병부대에서 대령이 추모사를 대독하였다. 사과 형식이라고는 하나 사과의 말은 하나도 들어가지 않았지만 이것만으로도 얼마나 발전한 것인가.

우리 어머니의 억울한 죽음이 조금이나마 풀릴 것인가… 자다가도 나는 어머니를 생각한다. 그렇게 깨고 나면 어머니 생전 모습이 떠오르고, 그 당시 붙들려 가시던 모습에 잠을 설치곤 한다.

한 살이던 어린 내 동생이 너무 보고 싶다. 첫돌도 지내지 못하고 희생당한 남동생이 너무도 보고 싶다.

아픈 기억을 지워야 할 텐데 그렇게 되지를 않는다.

아 그리운 옛날 다시 돌아올 수 없는 그 날!

통곡하고 몸부림쳐 봐도 돌릴 수 없는 그 날!

그리웁구나 옛날이여!

부모님께 효도 못한 한 어이 풀거나. 어제는 오랜만에 미국에 사는 이종 사촌이 와 경기도 세마역에서 좀 떨어진 이모님네 선산에 갔다. 나는 절을 하고 이모님 우리 어머니를 천국에서 만나셨을 것이라 믿고 꼭 자매끼리 정을 나누시라 말씀 드렸다. 오늘로 열 번째 위령제이다. 지금까지 제수 한 번을 못 차리고 현수막만 걸어놓고 미사로 위령제를 드리곤 하였다. 이번에는 경찰청과 국방부에서 조의금을 주어 추모공연도 하고 추모노래와 추모시 낭독과 여러 단체의 대표들께서 추모사를 해 주셨다.

추모공연의 너무 한스러운 몸짓에 모두 눈시울을 적시기도 하였다. 내년에는 위령비를 세우고 제를 지낼 수 있기를 바란다. 피학살자 322명의 명단을 보면서 나는 몇 번이고 하늘을 우러러 보았다. 구름이 유유히 흐르다 다시 구름 한 점 없는 하늘이 되었다. 그리운 어머니, 보고 싶은 어머니 제단 앞에서 초헌을 하며 북받치는 울음을 어이할 수 없어 손수건을 적시곤 하였다. 나는 채 회장님을 내 사위 차에 모시고 돌아왔다. 참한 사위를 얻어 나는 행복하다.

손자들이 무럭무럭 커가는 모습을 보면서 흐뭇하다. 큰손자 정민이는 공부를 잘 한다. 중학교 3학년, 초등학교 졸업 때는 전교 일

등을 했다. 우리 정민이 내가 4년 동안 키워 준 손자다. 나는 우리 조상님들께 후손들의 건강을 지켜 주시고 행복과 평화를 주시기를 기도합니다.

유춘도 선생님을 추모하며

유춘도 선생님을 추모하며

선생님 어찌하여 뵙지도 못한 채 유명을 달리하셨습니까?

'당신이 나입니다' 란 시집을 내시던 날, 한국의 집에서 출판기념회를 할 때, 나를 끌어안으시며 동생 왔느냐고 반가워하시던 모습 역력히 전해 옵니다.

형님께서 나를 만나실 때는 꼭 인사동이었습니다. 인사동 개량한복집에서 형님도 사시고 내가 옷 사서 입어 보면 보아주시던 형님. 지금도 그 옷을 잘 입고 있습니다. 그 옷을 볼 때마다 형님을 잊을 수 없습니다. 문경위령제를 두 번 같이 가신 적이 있지요. 생전에 하고 싶었던 말을 간직한 채 벙어리로 사신 형님, 나는 좋은 형님을 잃었습니다.

2006년 『벙어리 새』를 출간하셨을 때는 책을 읽고 얼마나 울었는지, 그렇게 하고 싶은 말을 다 쏟아 놓으신 형님, 생전에 남겨놓고 세상에 알리려 하신 형님, 나는 딸에게 그 책을 사 주면서 이 책은 현대사의 생생한 역사이니 보라고 하였지요.

형님! 교수님이셨던 부군 곁으로 가셨나요.

내가 『한과 슬픔은 세월의 두께만큼』이란 책을 보내 드렸을 때 우시면서 저에게 전화를 주시고 만났을 때는 좀 더 잘 해 줄걸 하셨지요. 『벙어리 새』를 출간하시고 미국에 가시면서 저에게 편지를 주셨지요.

사랑하는 동생에게!

지난번 차 한 잔도 대접 못하고 보내서 마음이 아픕니다. 요즘 정신이 오락가락해서 그러니 양해하세요. 미국 다녀와서 전화할게요. 너무 무리하지 마시고요.

2006년 1월 6일 유춘도

내 책 싸인해서 보내 드립니다.

이 편지를 지금도 간직하고 있습니다. 형님의 육필을 보고 또 봅니다. 보고 싶은 형님! 와병 중일 때 이이화 선생님, 채의진 회장님과 간다고 하니 못 오게 하시고 어이 보지도 않고 떠나셨는지요? 물론 모습을 보이기 싫으셨을 것이라 생각했지만 너무 섭섭했습니다.

뵙지도 못하고 우리도 너무 무심했습니다.

전화 통화는 몇 번 했지만 떠나시고 보니 너무 뵙고 싶습니다.

산부인과 의사이고 의학박사이고 시인이신 형님

보고 싶습니다. 하늘나라에서 영면하시옵소서.

- 2010. 2. 21

수필가 정양섭 선생님을 추모합니다

수필가 정양섭 선생님을 추모합니다

선생님께서 유명을 달리 하신 지도 3년이 되어갑니다. 늦게 학문에 몰두하시어 조선대학교 교수까지 지내신 선생님. 시집과 수필집을 내시고 우리 징검다리 동인이셨고 순수문학인협회 회장도 하시면서 문학에 열정을 불사르시던 선생님, 타계하셨다는 문자를 받고 얼마나 놀랐는지 모릅니다.

2007년 캐나다에 갔을 때 같이 찍은 사진만이 빛나고 있습니다. 선생님께서는 술도 좋아하시고 한번 잔을 주면 지키고 계시면서 술잔을 받곤 하셨습니다. 우리가 문학기행 갔을 때 우리 징검다리 동인만 따로 불러 아주 경치 좋고 분위기 있는 곳에 불러 대접을 해 주셨지요. 선생님은 제가 더 아래로 보셨는데 알고 보니 누님이라고 하시면서 누님 대접을 해 주셨습니다.

아직도 청청하신 연세이건만 어이 이리도 빨리 가셨습니까? 중국 문학기행 갔을 때 천진에서 북경으로 오는 버스에서 제가 사회를 보았었지요.

이 모든 것은 잔잔한 추억으로만 남게 되었습니다. 광주 5·18묘지에 문학인들이 다녀와서 문학지에 시를 발표할 때 어찌 광주에 사는 사람보다 더 시를 잘 썼느냐며 칭찬하시던 날이 어제 같습니다.

선생님, 하늘나라에 가셔서 못다 한 문학 많이 하시고 천상의 시를 쓰시어 지상으로 보내주시고 천상 문학모임에서 못 이루신 작품 많이 발표하시고 평안한 나날 보내소서.

지상에서 서영선 올림 2010년 2월 22일

진화위에서 송건태 선생을 만나다

진화위에서 송건태 선생을 만나다

나는 우리 아버지를 최중석에게 고발하여 우리 어머니를 죽게 한 송건태라는 선생이 누굴까, 또 그 사람은 아버지와 무슨 감정이 있었을까를 생각하며 시외에 살고 있는 그의 집을 찾아갔지만 못 만나고 돌아왔었다. 어느 날인가 또 찾아갔지만 부인만 만나고 송 선생은 전화 통화만 하였다. 무슨 감정이 있기에… 역시 예상했던 대로 좋지 않았다. 진화위 조사관은 그 선생이 나를 한 번 만나 주었으면 한다고 하였다. 나는 조사관의 주선으로 진화위에서 만났다. 조사관은 싸우지 말라고 신신 부탁이다.

그분은 아버지는 참 똑똑한 분이었다고 말하면서 불만을 말하였는데, 아버지는 마음에 드는 사람만 발령을 보내 주었다고 한다. 나의 예감도 발령의 불만을 가졌으리라 생각했는데 역시 그랬었구나. 나는 아버지가 송 선생을 왜 좋아하지 않았을까를 생각해 보았다. 그분은 그래도 만난 보람이 있었다. 우리 어머니의 불행에 대해 핵심적인 것을 말해 주었다.

신택균은 이미 그 동네를 떠나고 없었고 신이 했다고 말해 주었다. 우리 동네에는 신택균과 정보희, 한상준이 살고 있었고 어머니를 붙들어 갔을 때도 이 세 사람의 소행이라고 나는 잠정 인정했다. 그 당시 동네사람이라 알아볼까 복면을 하고 세 사람이 왔었던 것이다. 한상준과 정보희는 중학교 동창이다. 정보희는 신택균이가 살던 집까지 아는데 한상준은 모른다고 한다. 이게 말이 되는가. 나는 최중석이 2008년 8월 3일 죽어서 8월 5일 현충원에 들어갔다는 말을 듣고 현충원에 찾아가 확인하였다. 아무도 없는 현충원, 사람 모습은 찾아볼 수도 없고 강한 햇볕만 내려 쪼이고 있었다.

양산도 없이 강한 햇볕을 받으며 찾아가 분골로 들어와 있는 것을 확인하였다. 어찌 아무 죄도 없는 양민을 수백 명 학살하고 그 공으로 현충원에 들어올 수 있단 말인가. 약한 자는 반백 년이 넘게 고통을 당하고도 지금까지 억울함만 당하고 있단 말인가. 언젠가는 억울한 나무가 청정하게 피어올라 독야청청할 때가 있을 것이다. 억울한 사람들은 시신도 바다에 수장을 하여 내 육친이 어디서 썩고 있는지도 모른다. 이 통탄을 어찌한단 말인가.

2010년은 동족상잔의 비극이 난 지 60년이다. 강화 학살은 59년을 맞는다. 2000년 10월 2일자 한겨레신문에 이런 기사가 났다.

"민간인 학살 청년단 대장 국가 유공자로 현충원에… 민간인을 학살한 자를 왜 여기에" 이런 제호로 실린 기사를 여기 밝힌다.

한국전쟁 때 민간인 학살에 적극 가담한 이가 국가 유공자로 지정돼 서울 국립현충원에 안장되자 희생자 유족들이 강하게 반발하고 있다. 1일 '강화지역 희생사건' 유족들의 말을 종합하면 지난 1951년 경찰과 민간 우익청년들이 만든 강화향토방위특공대 대장을 지낸 최 아무개(88)씨는 지난 8일 숨진 뒤 국립 서울현충원에 안장됐다. 최 씨는 숨지기 4개월 전 국가유공자로 지정됐다. 국가보훈처 의 정부 보훈지청은 최씨의 경우 민간인 특공대로 참전했다가 노동력이 3분의 1이상 상실된 것이 서류로 증명돼 유공자로 인정했다고 밝혔다.

진실과화해를위한과거사정리위원회는 지난 7월 최 씨는 "강화향토방위특공대 대장을 지내면서 북한 점령시기에 부역한 혐의자와 그 가족 등 최소한 139명의 민간인을 살해하는 데 앞장섰다" 라는 진상규명 결정을 내린 바 있다. 최 씨와 특공대원 5명은 당시 살인죄로 구속기소 되었으나 최 씨는 기소중지 처분을 받았다. 최 씨는 진화위조사 때 윗선에 부탁해 사흘 만에 풀려 나왔다고 진술했다.

이상은 보도 내용이다.

아무 죄도 없는 양민을 살해한 대가로 감사원에 취직하고 호의호식하며 살아온 그들, 우리 가족들 어린것들은 졸지에 고아가 되어 어떻게 살아왔는지를 답을 찾을 수 없고 시신도 바다에 수장해 유기한 그들이 유공자라고!

국가기관인 진화위의 결정도 무시한 이 엉터리 심사를 한 보훈처! 진실의 정의는 언젠가는 빛을 볼 것이며 비양심을 가진 자들은 준엄한 심판이 기다리고 있을 것이다.

- 2009. 8. 23.

추모비 건립위원회 발기인 대회를 마치고 나서

추모비건립위원회 발기인 대회를 마치고 나서

내가 피해를 당한 시기와 유족회 활동을 하기 전 강화라는 곳은 바라보기도 싫었고, 강화 사람들을 보면 피하고 싶은 심정이었다. 얼마나 어린 심정에 상처가 컸으면 지금도 그 때를 생각하며 몸서리치고, 12살 가량 된 소녀를 볼 때면 그 당시 나의 처지가 떠오르며 머리를 가로젓곤 한다.

그러나 나의 머릿속에 떠도는 것은 1993년부터 가해자를 만나러 다녔고 2000년 범국민위원회가 출범하면서 본격적으로 특별법 투쟁에 들어가게 되었고 급기야 2005년 5월 3일 특별법이 제정되었다. 이어 12월에 진실과 화해를 위한 과거사정리위원회가 설립되었고, 그 후 우리 강화는 2006년 조사개시 결정이 내려져 약 2년여에 걸친 조사활동을 하였다. 그 결과로 2008년 7월 8일 강화 희생자들 모두는 억울한 죽음이었고 국가의 책임이라는 조사 결정이 내려지게 되었다. 억울하게 돌아가신 어머니를 생각할 때 우리 형제자매의 한과 슬픔은 어느 정도 풀리게 된 것이다.

2008년 8월 16일에 고유제 겸 위령제를 하면서 지금까지 매년 나는 눈물을 보이지 않았지만 이 날만큼은 인사말을 하면서 북받치는 설움이 밀려와 목이 메었다.

2001년도 갑곶 학살지에 표지판을 세우고 2004년도에는 애절한 어머니 시도 지어서 시비를 세웠다. 나는 시비를 가꾸기 위해 꽃도 심고 풀도 베어주며 위로를 받을 수 있었다. 어머니 시비에 가면 주위는 산만하지만 봄볕은 따사롭고 맑은 하늘 구름 속에서 우짖는 새들의 노래 소리는 마치 내 어머니 영혼과 한 살 먹은 남동생의 영혼이 찾아온 듯하였다.

나는 강화 땅을 밟을 적마다 애상에 잠기곤 한다. 아무리 사방이 바다라고는 하지만 곳곳에 산도 많은데 왜 구태여 바다에 수장을 했단 말인가. 내 부모 형제 자매가 어디서 어떻게 되어 있을까를 생각할 때는 말을 잊어버린다.

규명 결정의 행안부 권고 사항으로 인권 평화교육, 호적 정정, 위령 사업을 하라는 권고에 따라 군수님을 만나뵙게 되었고 군수님은 위령비를 해 주시겠다고 흔쾌히 말씀하셨다. 이에 강화에서 뜻이 있는 목사님과 선생님들을 만나게 되었고 세 분의 고문님과 다섯 분의 공동대표, 또 여러 선생님들의 노력으로 추모비 건립위원회가 만들어지게 되었다. 17번의 만남 끝에 지난 3월 6일 추모비 건립위원회 발기인 대회가 열리게 되었다.

날씨는 쌀쌀했지만 강화성당에는 발기인 대회 현수막이 펄럭이었고 정찬성 목사님께서 주목나무 화분 두 그루를 선물하셨다. 그 나무에 피학살자 명단 139명 이름을 써서 오신 내빈께서 리본을 주목나무에 매달았다. 리본을 달고 밀려오는 슬픔을 억지로 가누면서 추모비가 완성되는 날 그 슬픔을 앞으로는 기쁨으로 승화시킬 것이라고 마음을 다짐한다.

이렇게 추모비를 세웠으니 엄숙하고 숙연한 마음으로 앞으로도 계속 추모할 수 있는 날을 기대해 본다. 우리 추모위원회 위원님들께 감사한 마음 이루 헤아릴 수 없다. 모든 분들의 가정에 평화와 건강하시기를 기원하면서 이만 줄인다.

- 2009

양평 민간인 피학살자들을 위한 추도사

양평 민간인 피학살자들을 위한 추도사

1950년 10월, 입에 올리기도 끔찍한 국군 8사단과 경찰, 그리고 대한청년단 청년방위대에 의한 무자비한 학살이었습니다. 희생자 대부분은 부역 혐의를 받은 가족들이었습니다. 그 중에는 노인, 부녀자, 어린이들도 많았습니다. 정통성 없는 학살의 무덤 위에 세워졌던 이승만 정부는 전쟁이 발발하자 반도덕적이고 반인륜적인 무차별 학살을 감행한 살인 정부였습니다. 양평군 양수대교 강변, 덕평리 도장굴, 신애리 공회당, 양근리 떠드렁산, 창대리 뒷산, 오촌리 흙고개, 신정리 흙구덩이, 자제면사무소 뒷산 등에서 수백 명을 살상한 것입니다. 아무 죄도 없고 재판도 없이 아버지, 어머니, 형, 오빠, 젖먹이 어린이들을 곤충처럼 죽여 시신도 수습 못하게 하였고, 내 육친이 언제 어느 장소에서 묻혀 계신지도 몰랐던 살아 있는 후손들. 그러나 하늘은 무심치 않았습니다.

2005년에 과거사법이 통과되어 그 해 12월 진실화해위원회가 창립되어 양평부역혐의 사건은 2007년 1월 9일 조사개시 결정이 내려지고 2009년 2월 16일에 억울하게 희생된 죽음이었으며, 수백 명의 원혼들이 명예회복 되었습니다.

아, 긴긴 세월 통탄에 묻혀 있던 한과 슬픔이여, 가해자들은 지금도 반성은커녕 명예회복을 시켜달라며 각 관청에 청원서를 내는 파렴치를 저지르고 있습니다. 더는 묵과할 수도 없고 방임할 수도 없습니다. 그들이 국가기관에서 내려진 결정에 순응하고 반성해야 합니다.

이 국토 곳곳에서 죽이고, 유기하고, 수장하고, 야산에서, 해변에서, 폐광 굴에서, 먼 바다에서 흘려보낸 그 야만을 우리는 똑똑히 기억하고 있습니다. 오늘 여기 가신 님들의 이름을 쓰고 술 한 잔을 올립니다. 그 동안 얼마나 추우시고 쓰리고 아프셨습니까? 이제는 명예회복이 되셨으니 긴긴 한을 푸시고 영면에 드십시오. 남아 있는 유족들 연좌제에 묶이어 꽃도 피울 수 없었고 날개를 접을 수밖에 없었던 서러움, 고통, 슬픔, 한을 접어야 했지요. 올해는 한국전쟁 60년이 됩니다. 60년 만에 제를 올리게 된것이 너무 늦었지만 불쌍하게 가신 영령님들께 무한한 명복을 빕니다.

하나 유족들은 할 일이 너무 많습니다. 재단설립을 하여 대대손손 인권 평화 교육과 기념관을 만들어 세계적인 추모 물결을 이루어 내고 왜곡된 역사의식을 바로 잡아야 하며 돌아가신 분들의 유품도 간직해야 할 것입니다. 또한 배, 보상법을 제정하여 가신 님들의 명예회복은 물론이고 그 동안 짓눌려 살았던 유족들에게 법적인 배, 상을 하여 온 국민의 정서를 바꾸고 맑은 역사, 맑은 하늘 아래에서 살게 해주어야 합니다.

그 동안 겪었던 수모와 고통과 울분을 어찌 필설로 다 할 수 있겠습니까?

영령들이시여!

우리 후손들은 이 땅에서, 이 하늘 아래에서 님들을 위하여 살아갈 것이며 영원히 추모할 것입니다. 모든 한과 슬픔 접으시고 하늘나라에서 영면하옵소서.

- 2010. 6. 16.

한국전쟁전후민간인피학살자전국유족회 상임대표 서영선

한국전쟁 60주년

한국전쟁 60주년

오늘은 한국전쟁 60주년이다.

4 · 19 50주년, 광주항쟁 30주년, 6 · 15 공동성명 10주년이다. 6 · 15 10주년 행사가 개최되는 시청앞 광장으로 갔다. 햇볕은 강하게 내려 쪼이고 바람 한 점 없다.

이런저런 행사에 서울광장은 수많은 시민들의 발길로 메워지는 상징적인 곳이다. 60년 전의 한국전쟁, 나는 한국전쟁의 혹독한 피해자다. 장학사였던 나의 아버지, 호수돈여고를 나와 엘리트인 나의 어머니, 우리 형제자매 6남매와 산산이 흩어지는 비극의 씨를 낳이준 한국전쟁! 12살에 당한 한국전쟁 60년, 나는 어느덧 73세의 초로의 할머니가 되었지만 그 순간 그 비극을 한시도 잊은 적이 없다. 2007년도에 발간한 나의 자서전 『한과 슬픔은 세월의 두께 만큼』이란 책을 다시 읽어보며 내 기억을 차근차근 쌓아 다시금 각인시켜 본다. 도대체 60년 전과 달라진 게 무엇일까. 왜 우리는 아직도 정전 상태에서 평화 통일을 못하는 것일까?

8 · 15 해방이 되고 이승만은 단독 정부를 세우면서 많은 양민 학살을 하고 학살의 무덤 위에 정부를 세우고 일제청산은커녕 친일 경찰을 끌어들여 독립운동가들을 탄압하고 좌익지식인들을 예비검속이니 하면서 학살하고 좌익성향을 가졌다가 전향한 사람들도 한국전쟁이 나면서 1950년 7~8월에 무수히 학살을 감행한다. 보도연맹이다 뭐다 하면서 재판 절차도 없이 행했던 무자비한 학살은 일제 청산을 하지 못한 결과로 그 때의 학살방법, 고문방법 등이 동원되었다.

1951년 1 · 4 후퇴 당시 대한청년단, 치안대, 청년방위대, 서북청년단 같은 우익청년단을 동원한 경찰, 군인들이 방방곡곡에서 수많은 학살을 저질러 100여만 명의 사망자를 내고 피학살자의 유족은 300만이 이르게 되면서 1953년에 정전이 된다.

이승만은 12년의 정권 종지부를 찍고 하야하여 하와이로 망명을 가지만 4 · 19 혁명으로 많은 학생들과 희생자를 냈고, 뒤이어 10 · 26사건으로 박정희 독재정권이 무너지고 뒤를 이은 전두환 정권은 5 · 18 광주항쟁으로 많은 대학생과 광주시민을 비롯한 임신부에서 어린 여학생까지 학살을 하였다. 도대체 이 민주정부라는 것은 학살의 정부란 말인가. 일제 청산을 못했기에 학살의 역사는 계속 이어졌던 것이다. 이제 60주년을 맞은 오늘날은 어떠한가.

하늘도 흐린 채로 개일 줄 모르고 맑은 하늘을 볼 수 없는 오늘의 현실이 너무 슬프다. 12살 소녀에서 할머니가 되도록 한을 풀지 못하고 역행의 역사로 돌아가는 것을 무엇으로 설명한단 말인가. 24일 평통사에서 마련한 한국전쟁 60주년 제 1부 상생굿과 제 2부 평화군축집회에 참가했다. 제 1부에서 길고 긴 고천문 낭독을 하였다. 내려 쪼이는 6월의 땡볕에도 아랑곳하지 않고 꿇어앉은 자세로 한 시간을 유창하게 읽었다. 60년 전 우리 부모님들이 고통스럽게 돌아가신 순간과 장면을 연상하면서. 나는 건강이 허락하는 한 억울하게 가신 분들을 위해 생을 다할 때까지 열심히 열심히 일을 할 것이다. 신의 가호가 있기를.

- 2010. 3. 25.

보훈처에 보낸 항의문

보훈처에 보낸 항의문

저는 강화민간인학살유족회장 서영선입니다.

지난 10월 2일자 한겨레신문 기사에 최중석이 4개월 전에 국가 유공자로 지정되어 현충원에 들어간 것을 강력히 항의합니다. 저는 1951년 강화 향토방위특공대(대장 최중석)에게 아무 죄도 없는 가족들, 할머니(77세), 어머니(39세), 남동생 한 살짜리를 잃은 한으로 점철된 사람입니다.

당시 12살이던 나는 어머니가 붙들려 가서 어디어디 갇혀 있다가 학살된 것을 본 산 증인입니다. 나는 유족회 활동을 15년 전부터 하면서 여러 가해자들을 만나 증언을 들었고 동리 사람들도 증언을 하였습니다.

진실화해위원회에서 결정사항을 인정하지 않는 김양 보훈처장님과 보상정책국장님 의정부 선혜국 보훈지청장님과 이상훈 보상과장님께 드립니다. 최중석은 군경도 아니고 상이자도 아닙니다. 그 당시 경찰의 사주를 받고 양민을 학살한 살인 대장일 뿐입니다. 그런데 군경상이 6급으로 지정 되다니요.

1·4 후퇴 당시 경찰도 후퇴한 공백상태에서 민간인 수백 명을 살상한 자이고, 강화는 후방이었고, 전투도 없었고, 폭격도 없었는데 어떻게 파편이 뱃속에 들어가 상이자가 될 수 있는 건가요? 1·4 후퇴 때 가볍게 가령 땅을 판다든지 심부름을 한다든지 한 사람들이 일시 피했다가 고향으로 들어오는 사람들을 농기구까지 동원하여 해변에 나가 5분 만에 다 죽여버린 것을 전투라고 하나요. 심지어 인천에서 재판받고 무죄로 풀려난 사람까지 해변에서 지키고 있다가 죽여 버린 자입니다.

죽음에 있어서는 원수가 없다는데 나는 천주교 신자로써 그 최중석이 잘못을 인정하고 사과를 하고 떠났다면 용서할 수도 있습니다. 우리 어린 5남매는 졸지에 고아가 되어 어떻게 살아왔는지 당해 보지 않은 사람들은 만분의 일이라도 알 수 있을까요.

나는 2007년도에 『한과 슬픔은 세월의 두께만큼』이란 책을 발간했습니다. 아무 죄도 없이 이 땅에 버려졌던 처참한 고아들을 보훈처에서는 알고나 계십니까? 보훈처의 그런 엉터리 심사를 강력히 항의합니다.

진실화해위원회의 결정문 결론과 유족 유수정의 한이 담긴 사연을 첨부합니다.

유수정은 다섯 살 때 아버지가 경찰서 집단 학살 때 다리에 총상을 입고 살아나왔습니다. 2월에 다시 들어온 특공대는 그 아버지와 외할머니, 한 살짜리 아기까지 다 죽였습니다. 유수정은 이웃으로 놀러가 그 순간을 면했습니다. 할머니가 등에 업은 아기라도 살려 달라고 애원을 했을 때 아기 등에 총을 쏘아 할머니까지 관통을 했다고 합니다. 일가족 6명을 학살했지요. 무기력한 사람들을 무차별 학살한 살인자를 유공자로 지정하시는 것이 보훈처의 심사기준입니까? 강력히 항의합니다.

- 2008 강화 희생자 유족회장 서영선

학살지 탐방 연사흘

학살지 탐방 연사흘

2007년 1월 10일

우리 일행 열명은 군청 민원실에서 만나기로 하고 교동유족 4명, 나와 목사님, 이시우 선생님, 백 팀장과 박 선생, 윤석만 씨 이렇게 모여 경찰서에 갔다. 윤석만 씨가 아버지에 대하여 증언하였다.

그분의 아버지는 32세였고 인천형무소에서 특사령으로 풀려나 집에 왔는데 동네 사람이 고발하여 잡혀가 경찰서 안에서 사살 당했다. 집안 어른들이 시신을 수습하러 가니 약 200명쯤 되는 시신이 있었고 핏물은 정문 밖까지 흘러내렸다 한다.

다음은 갑곶으로 갔다. 눈이 와서 미끄러워 학살지 가까이 가지 못하고 갯벌을 바라보며 설명을 하였고, 어머니 비석 앞에서 사진을 찍은 다음 월곶으로 갔다. 그 곳은 민간인이 마음대로 갈 수 없는 곳이어서 군인들이 제지하였다. 신분 조사를 하고 한참을 확인한 후에 보내 주었다. 이 곳은 저쪽에서 들어오는 배를 향해 그들이 소위 교전했다고 하는 곳이다. 먼저 세 사람이 들어와 잡혀서 고문하니 불어버렸는데 이쪽이 안전하다고 하면 산에서 봉화 불을 세 번 울렸고 다가오는 배는 세 척이었는데 약 50명씩 타고 있었다 한다. 이들은 무기가 모자라면 몽둥이, 낫, 곡괭이, 등 흉기를 동원하였고 그 자리에서 대부분 사살하고 60명을 생포하였다 한다. 그리고 사람이 많이 모이는 장날에 조리를 돌려 죽였고, 소위 포로라고 하는 사람들의 몰골은 말할 수 없이 비참하였다 한다.

옥계갯벌로 갔다. 여기는 부역자와 월북자 가족이 학살된 곳이다. 인가가 있었다. 나는 김동환에게 물었다. 인가에서 사람들이 보았을 것이 아닌가 하고 물었었다. 그는 사람들이 거의 피난 가고 저녁 어두울 때 데리고 나와 본 사람이 없었다고 한다. 양사면 산이포로 갔다. 이곳은 그들이 교전이 있었다고 말하는 곳인데 배가 들어오니 불을 붙여 배에 던져 사람들이 우왕좌왕… 3분 만에 교전은 끝났다고 한다. 상황이 그랬다면 무슨 교전이라고 할 수 있겠는가. 그 이튿날 나가 보니 불에 탄 시신들이 널려 있었다고 한다.

돌미르에 갔다. 이 곳은 특공대들이 산에 엎드려 들어오는 배에 사격을 했다. 당연히 배는 뒤로 나가려고 안간힘을 썼을 것이다. 하지만 밀려오는 조류로 인하여 육지로 가까이 들어올 수밖에 없었고 한 사람도 살아나온 사람이 없었다.

어느덧 점심시간을 넘기고 있었다. 금강산도 식후경이라고 읍으로 다시 돌아와 한식집에서 식사를 하고, 군수를 만난 뒤 서울로 향했다. 교동사람들은 교동으로 간다고 창후리로 가고 목사님도 집으로 가시고 백 팀장과 박 선생과 나 역시 집으로 돌아왔다.

2007년 1월 11일

오늘은 교동으로 직행해 창후리로 가니 교동유족이 전날 배를 놓쳐 못 가고 그날 합류 하였다. 제일 먼저 간 곳이 안개산이다. 이 곳은 야산이지만 나는 올라가기 어려워 유족들이 붙들고 올라가고 내려올 때는 백 팀장님이 부축을 하였다.

학살지는 방공호를 팠던 자리이고 시신은 거의 가족들이 수습하였다고 한다. 이 년 전에 들어왔을 때 이석범 장로님이 증언한 곳이다. 아이 어른 할 것 없이 50여 명이 학살당한 곳이고 인공시절 여맹원이 도장 찍으라고 하여 도장 찍어 준 가족들이었다. 여기는 구본선 목사님이 합류하여 안내도 하시고 교동교회에 가서 조금 쉬게 해 주셨다. 고마운 목사님이시다.

고구리 특공대 본부로 갔다. 본부라야 개인주택을 뺏어 본부로 쓰곤 했다. 자리를 옮길 때마다 큰 집에 본부를 두고 그들은 학살을 감행한 것이다. 다음은 낙두포 낭떠러지 아래로 갔다. 여기는 방선일 유족의 방회혁, 방문기가 학살된 곳이다.

인근 구산 부락에서 10여 명이 학살된 곳이다. 이 곳은 해병대 부대가 있고 을지 타이거 여단의 전적비와 무덤이 있고 충혼탑도 있다. 그들은 바다에 나가 전투를 한 것이 공이라고 할 수 있지만 가만히 있는 가족들을 데려다 죽였는데 이것도 전적이라고 할 수 있단 말인가. 사람이 잡혀갔을 때 가족들이 돼지 한 마리 갖다 주면 살려주었고, 소를 한 마리 잡아가면 세 사람을 살려 주었다고 한다. 한 유족은 닭 한 마리 잡아갔더니 닭 한 마리 가지고는 안 된다고 하면서 그냥 죽였다고 한다. 그래서 딸이 우리 아버지 돼지 한 마리 값이 없어서 죽었다고 통곡을 한다고 했다.

대룡리 교동초등학교 근처 풍년식당에서 여기 특산물인 숭어

구이와 부대찌개로 점심을 맛있게 먹었다. 교동 유족들과 10여명이 같이 먹었다. 그리고 인현나루로 갔다. 큰 나루였다. 연백이 건너다보이고 연백 쪽에 큰 여관이 있었는데 여기서 건너다니는 계기가 된다 하여 이쪽 우익들이 여관 주인을 잡아다 죽였다 한다. 이 인현나루는 교동에서 가장 큰 학살지였다.

그리고 밤머리로 가는 포구 백석포에 갔다. 연백이 건너다보이고 1951년 12월 25일 조준홍 씨 부인이 이 곳에서 학살되었다. 또 원해라는 해안에 갔다. 2005년 목사님과 여기 답사 왔다가 넘어져 내가 발목골절상을 입은 곳이다.

오미마을 사람들이 이 곳에서 많이 학살되었는데 정확한 숫자는 모른다. 한현우 씨 어머니도 이 곳에서 학살되었다. 연백 해성면에 소금이 이리로 들어왔다. 여기서 20명을 죽였는데 한 명이 살아나와 아는 집을 찾아가니 나가라고 하여 집에 왔는데 집에서 두 아들과 같이 죽였다 한다. 돌우물이라는 곳에서는 18명을 죽였는데 한 사람이 살아나와 하필이면 특공대 초소로 들어갔다가 발각되어 부상당한 채로 새끼줄로 목을 매어 질질 끌고 가 죽였다. 조복성 씨의 18살 딸이었다.

이들은 사람도 아니다. 인간 백정이다. 이런 무지막지한 놈들의 죄상이 밝혀지고 올바르게 조명될 때 맑은 물과 밝은 해가 뜰 것이다. 교동에는 큰 저수지가 둘 있는데 하나는 고구리 저수지이고 하나는 난정리 저수지이다. 황문희 씨 큰 고모는 난정2리 야산 방공호에서 죽였다. 동산리 해병 초소 아래 빙장포에 쭉 세워놓고 총을 한 방 쏘면 그 다음 사람이 연방 계속하여 맞고 쓰러지고 확인 사살까지 했다 한다.

양감리, 여기는 학살이 거의 없었고 한 가족만 희생되었다 한다. 특공대 부인이 말리기도 했다 한다. 또 빙장산 밑에 갯골, 여기는 10명씩 서너 번 죽였다.

우리 일행은 대룡리를 지나 읍내리로 왔다. 초읍내리 길가였다. 대룡리 방골 황숙림(황문희 씨) 작은 고모가 초등학교 선생이었다고 한다. 바로 길가이기 때문에 근처 사람들이 총소리를 들었고 두 방 아니면 네 방의 총소리가 들렸다 한다.

읍내리 남산포 우측으로 가면 말도가 나온다. 석모도가 보이는 곳이다. 최현기 부대가 이리로 들어오고 동진포에 해병 특별공격대가 들어와 있었는데 그 대장 김병식(연백)이 어느 부인을 취하고 남편을 죽였다 한다. 인면수심의 인간들이다. 그 곳 해변에는 상어처럼 생긴 상여 바위가 있었고 해안에는 301함정이 있었다 한다. 해병 특공대들이 범죄를 저지르는 계기를 마련해 준 곳으로 알려져 있다. 이 곳은 황성용 씨 가족 5남 1녀를 모두 죽이고 황성용 씨 3살짜리만 외가집에 가서 살아날 수 있었다.

2007년 1월 12일

백 팀장님과 박 선생 나 이렇게 세 사람은 강화군 석모도로 향했다. 이 곳은 보문사가 있어 각처에서 많은 사람들이 찾아오는 관광지이다. 전번 목사님과 왔을 적에 산길로 해서 해변가로 갔었기에 산길로 접어들려고 했으나 산길에서 내려와 비포장 도로로 간 생각이 났다. 처음에는 어류정만 찾아가면 되겠지 하고 어류정을 갔지만 그 곳은 어류정항이었고 동네 사람들은 잘 몰랐다. 세월은 반백 년이 넘은 오늘, 이 일들은 빨리 조명되어야 한다. 매음리에 들어와 물으니 학살지까지 정확하게 가르쳐 주었다. 학살지에 오느 물이 많이 들어와 있어 팀장님과 박 선생님만 산길로 올라가 학살지를 돌아보고 오셨다. 내가 지난 가을에 와서 일행(목사님, 장재선, 고문자) 이렇게 세 사람만 학살지에 갔을 때 나는 다리가 튼튼하지 못해 둑에 손수건을 깔고 드러누워 하늘을 감상하며 이렇게 평화로운 하늘 아래 그런 끔찍한 학살이 있었을까를 생각하기도 했다. 이런 비극을 지금 사람들이 어떻게 알 수 잇으랴. 하루빨리 관광객들도 관광만 할 것이 아니라 이런 역사의 현장도 들러보는 때가 오기를 기원한다.

- 2007. 1. 10 ~ 12

사촌들의 위령지 현장탐방

사촌들의 위령지 현장탐방

나는 우리 이종사촌 네 명과 역사현장인 위령공원에 갔다.

모두 어머니 시비를 보고 눈물이 글썽하다. 교통이 열악하여 택시를 대절하여 왔다. 그들을 귀가시키고 나는 남아서 근처에 사는 안귀상, 조광호 유족과 함께 차를 타고 길상면과 길상파출소에 들러 부탁하였다. 길상면장님은 일 년에 한 번씩 풀을 깎아 줘야 하겠다 하시고 파출소장은 순찰코스로 넣겠다고 하셨다. 파출소장께서는 내가 2003년도에 강화군청 앞에서 일인시위 할 때 보셨다고 했다.

정말 투쟁의 20년 긴 세월 동안 활동한 보람이었다.

불쌍하고 억울한 영혼들, 60년을 기다렸으니, 돌 한 조각으로나마 길이 남을 것이다. 유족들도 한이 조금 풀린다고 하였다. 그러나 우리는 아직 할 일이 있다. 사료관을 지어 돌아가신 분들의 유품을 간직하고 국가차원의 위령공간을 만들어야 한다. 그리하여 억울한 죽음을 만방에 알려야 한다.

유족들이 건강하여 남은 생애에 역할을 다할 수 있도록 신에게 빌자. 우리 사촌들 모두 감탄하면서 집으로 돌아왔다고 한다.

- 2011. 10. 20

고마우신 교수님들

고마우신 교수님들

나는 온수에 있는 성공회대학에 김동춘 교수님을 만나러 갔다. 나의 시 "0시"를 써서 액자에 들고 갔다. 교수님은 6층에 계셨고 약속대로 나를 기다리고 계셨나 보다.

신영복 교수님에게 우리 강화 추모비건립위에서 부탁한 상석에 새겨 넣을 "한국전쟁중 강화지역 민간인 희생자 추모비"라고 써주실 것을 정중히 부탁드리고자 찾아갔는데 신영복 교수님이 마침 계셨다.

나는 처음 뵙겠습니다만 교수님의 작품을 많이 읽고 많이 보았습니다 하고 인사를 건넸다. 그리고 내일 가지러 오겠다고 부탁하고 7일날, 나의 책 『한과 슬픔은 세월의 두께만큼』과 제 3시집 『푸른 초원』을 갖고 가서 감사의 인사를 드렸다. 너무도 고마운 분들이시다. 8일 아침 일찍 강화로 직행, 강진구 씨와 이시우 선생을 만나 점심도 먹고 차를 마시면서 돌아왔다. 참 보람있고, 우리 억울한 영혼들이 도와주시는 것 같아 마음이 흐뭇하다. 내일은 9일, 추석 명절 분

위기로 출렁이는 서울거리가 활기 넘치는 것 같다.

위령공원을 만들려고 생각하니 흐뭇하기도 하지만 그러나 너무 힘들기도 하다. 322명의 억울한 죽음이 시신조차 없는 영혼들이 아늑한 이 곳에 안주하며 후손들이 찾아올 수 있도록 만들어져서 약간은 내가 할 일을 한 것도 같다.

- 2011. 9. 6

탄원서 · 1

탄원서 · 1

사건 : 2011가합 67564 손해배상(기)

원고 : 서영선

피고 : 대한민국

진술인 : 서영선

주소 : 서울시 양천구 목동남로 4길 6-46, 신정동 우성2차 아파트 101-1220

위 사건에 관하여 원고 서영선은 희생자 김덕임의 유가족으로써 다음과 같이 진술합니다.

때는 1951년 1월에 어머니 김덕임(39세)과 할머니 구 씨(77세), 그리고 남동생 서화석(2세) 세 사람이 동시에 죄없이 재판없이 관할 강화경찰서에 끌려가 희생되었습니다.

1950년 12월 18일 강화결찰서 서장 김병국은 경찰관 박선호(사찰계 형사)에게 지역 대한청년단, 치안대 등으로 〈강화향토방위특공대〉를 조직케 하고 그들을 무장(소총)시켰습니다. 압록강 강가까지 진격한 국군과 유엔군이 중공군의 개입으로 전선이 후퇴(1·4후퇴)하기 시작하자 인민군치하에서 부역혐의가 있다고 의심되는 사람들과 그 가족들을 경찰서 유치장에 잡아 가두기 시작했습니다. 1951년 12월 말 저녁 6시 경, 복면한 괴한 세 사람이 저희 집에 갑자기 나타나 마루에 계시던 어머니를 강제로 끌고 갔습니다. 어머니는 당시 2살짜리 내 동생 화석을 업고 끌려갔습니다. 우리는 겁에 질려 아무 말도 못하고 뒤따라가다 그들의 저지로 어머니라 불러보지도 못하고 울면서 되돌아 왔습니다. 아기를 업고 끌려가는 애련한 어머님의 모습은 지금도 잊을 수가 없습니다. 얼마 후 그들은 아기만 저희 집에 돌려주고 갔습니다. 우리 형제들은 그 당시 제일 큰 언니가 15살이고 6남매였는데 2살짜리 막내 남동생이었기에 어찌할 바를 몰라 굶어가며 엄마 오시기를 학수고대하다 배고픈 아기의 울음소리에 못 견뎌 엄마가 갇혀 있는 경찰서로 아기를 데려다 줬습니다. 제가 아기를 데려다 준 죄책감에 지금도 꿈에 아기가 나타나곤 합니다.

남은 5남매는 그 때부터 고아가 되어 뿔뿔이 흩어져 살 수밖에 없었고 4살 된 동생은 고아원에 데려다 주고 9살 남동생은 5촌 당숙 집에, 6살 여동생은 영양실조로 어두운 방에서 내 무릎에서 숨을 거두고 언니는 시골 어느 집 양딸로 가고 저도 어느 시골집에서 김도 매고 농사일을 도우며 갖은 고생을 하다가 16살 되던 해 무작정 강화도에서 서울로 올라옵니다. 친척집을 전전하다가 사회사업기관을 통해 중학과정을 독학하면서 천주교 신자가 되었고, 19세에 개인병원에 간호원으로 취직되었으나, 20세 성인이 되면서 이승만 정부는 좌익가족이란 올가미를 씌우고 탄압하기 시작하였습니다. 기관원이 직장에 와서 상사에게 좌익가족이라 고지하면 이유없이 해고되고 다른 직장 얻으면 또 같은 일이 반복되어 직업도 편안히 가질 수 없었습니다. 남동생이 시골에서 초등학교를 졸업하고 서울 소재 중학교에 진학하게 되어 자취방을 얻어 언니와 나, 남동생 셋이서 모처럼 모여 살게 되었습니다. 한데 여기까지 경찰이 주인집에 와서 좌익 가족이라 고지하여 우리는 쫓겨나 마음 놓고 셋방도 얻기 어려운 비참한 삶을 경험하며 살아야 했습니다. 남동생이 다니는 학교에도 경찰이 찾아와 담임선생에게 고지하여 동생은 집에 오면 "누나, 나 학교 안 갈 테야" 하곤 하였습니다. 1961년 6월 24일, 토요일 동생은 학교에서 반공강연을 듣고 귀가하는 도중 한강 샛강에서 의문의 익사를 합니다. 박정희가 군사쿠데타로 정권을 잡은 지 한 달이 넘었을 때였습니다. 박 정권은 우리 가족을 더 탄압하고 경찰들이 우리 사는 곳마다 수시로 드나들며 감시하여 공포 속에 살아야 했고 의지할 곳 없는 이 고아들, 매일 밀가루로 수제비를 끓여 연명하며 모진 목숨 이어왔습니다.

국가권력이 폭력으로 난무하던 이 암울한 시기, 죄 없는 국민이 불법으로 살해되고 철부지 어린 유자녀들이 버림받으며 살아야 했던 비정한 역사 속에서 이런 인간들의 삶의 고난과 역경의 일단을 적어 올렸습니다. 민주국가로 탈바꿈한 오늘날 국가는 잘못된 과거를 청산하려 몸부림치고 있습니다.

재판부의 공정한 역사적 판결을 기대하면서 이 탄원서를 올립니다.

2012년 8월 일

서영선

붙임 : 시 한 편 서영선 작

어머니

당신의 고결한 삶
당신의 높은 지식
당신의 끝없고 깊은 사랑

역력히 들려오는 당신의 음성
홀연히 나타나는 당신의 모습
온 세상 무한한 것 다 준다 해도
무엇과 바꾸리까 당신의 사랑

봄이면 이름 모를 꽃들 자랑하고
여름엔 푸르름 다가오건만
당신의 이름 어머니
철없는 후회 밀물 되어 흘러갑니다.

탄원서 · 2 - 피고의 2012. 10. 26자 참고 서면에 대한 반박

탄원서 · 2 - 피고의 2012. 10. 26자 참고 서면에 대한 반박

사건 : 2011가합 67564 손해배상 (기)

원고 : 서영선

피고 : 대한민국

위 사건에 관하여 원고 서영선은 피고가 2012. 10. 26자로 제출한 참고 서면에 대하여 다음과 같이 반박하는 탄원서를 제출합니다.

2월 15일에 있었던 최 씨의 조사관 질문에 충격을 받고 쓰러져 병원에 입원치료를 했다는 말은 전면 허위입니다. 조사관은 최 씨를 직접 만나지도 않고 제가 (강화유족회 회장 서영선)이 제출한 강화경찰서에서 의정부경찰서에 이첩 수사의뢰한 것으로 되어 있습니다. 의정부 경찰서에서 조사한 최중석의 진술을 검토해 봤습니다. 여기 대한정의단장 시절 인민군에게 고문을 받기도 했다는데 정의단 시절에는 인민군이 없었습니다.

박벽근 씨의 자택을 방문하여 그 부인에게 증언을 들었다고 하는데 그분이 강화 전역에서 자행된 학살을 어찌 알겠습니까? 그 집에서 특공대에게 밥을 해줬다고 하는데, 사람을 죽였다고 그 사람들이 얘기를 하겠습니까?

2003년 신편 강화사에 문헌상 학살이라는 단어가 등장하는 것은 2000년에 한국전쟁 전후민간인학살 범국민위원회가 창립되어 많은 연구실적에 의한 것이라고 판단됩니다.

민간인 가운데 후퇴하지 못한 청, 장년들은 강화도를 지키기 위해 특공대를 조직했다고 되어 있는데 이들은 김병국 서장의 명령에 의해 박선호 사찰계 형사가 조직하였다고 가해자 김동환은 1999년 7월호 월간 말에서 저와 최강문 기자에게 특공대 행동대원으로 활동했다고 진술하였습니다.

430명의 강화도 주민을 죽인 게 사실이라면 과연 당시 강화군수가 기념비를 세울 수 있을지 의문이 들었다에 대한 답변입니다. 1951년 1 · 4 후퇴 당시 2월까지 많은 민간인을 학살했지만 아무도 그 말을 할 수가 없었습니다. 우리 유족들은 벙어리가 되어 살았고 범국민위가 생긴 2000년부터 본격적인 활동을 했고 진실화해위원회(이하 진화위)의 결정을 받고 말을 하기 시작했습니다.

김동환(특공대원)의 진술이 있었고 이 진술을 듣고 직접 갯벌에 나와 증언을 했습니다. 우리 유족회는 2000년도에 갑곶 갯벌학살을 알리는 표지판을 세웠습니다. 직접 총을 쏜 장본인이 진술한 것입니다.

중간에 A씨는 2010년 9월 경 최승범 씨가 "강화특공대의 진실을 죽을 때까지 밝히겠다."고 하자 "전화를 걸어와 60년이 지났고 특공대장도 2008년도에 국립묘지에 안장됐으니 그만하자고 말했다고 한다"라는 기사는 새빨간 거짓말입니다.

서영선은 최승범에게 전화하여 한 번 만나자고 하였습니다. 최승범은 이제 진실화해위원회에서 결정 났는데 만나면 뭘 합니까, 하고 답했고 왜? 우리 어머니 아무 죄도 없는 사람을 끌어다 죽였습니까? 했더니 그것은 잘못된 것 같다고 했습니다. 어떻게 이렇게 거짓말을 할 수 있는 것입니까?

저는 최승범을 한 번도 만난 적이 없고 전화 한 번 한 것뿐입니다. 엄연히 진화위의 조사에서 그 당시 소년단이었던 사람들의 증언에 의하여 322명의 민간인이 희생당했다고 결정되었는데 사람을 하나도 죽인 적이 없다고 말하는 것은 인간이면 그렇게 할 수는 없는 것입니다. 피해자들은 60여 년 동안 말도 못하고 악몽에 시달리면서 연좌제에 묶여 취직도 못하고 제 때에 공부도 못하고 지금까지도 가난에 허덕이며 몸으로 고생을 해서 남은 것은 병밖에 없습니다. 제가 가해자의 집에 가보면 모두 차가 몇 대씩 있고 잘 살고 있었습니다.

"어떻게 강화 주민을 죽일 수 있다는 겁니까? 강화특공대는 좌익 인사도 받아들였는데 강화특공대 고문이었던 한재수 씨가 대표적입니다"에서 답변을 하겠습니다.

한재수 씨는 인민군이 상륙할 때 갑곶리 포구에 나가 환영을 했다고 합니다. 특공대장 최중석은 특공대 대원들 모두 한글도 모르는 문맹이기 때문에 보좌관으로 쓸려고 부하들이 죽이려 갑곶리 해변에 나가있는 것을 데려왔다고 최중석이 저에게 직접 말했습니다. 한재수 아들이 특공대 통신부장으로 일했고 지금 인천에서 살고 있습니다.

최승범은 유족회가 내놓은 피학살자 명단은 "인천으로 보내진 좌익사범 중 생사가 불투명한 사람이 대부분이다,며 진화위는 이 명단을 강화특공대에 학살당한 희생자로 단정지었다"에 대해 답변하겠습니다.

인공시절 3개월 동안 동네 주민들을 강제동원하여 야산 능선에 전호를 파도록 한적이 있습니다. 이 것을 부역이라 하여 강화경찰서에서 인천형무소로 넘겼습니다. 인천에서 재판을 받고 무혐의로 석방되어 집으로 돌아오는 민간인을 해변에서 지키다가 잡아서 길상면 양조장과 우체국에 잡아가두었다 밤 한시에 끌어내어 사슬재에서 학살했습니다. 그 때 뛰어서 살아나온 분이 증언을 했고 동네에서도 증언을 들었습니다. 시신을 거두어온 몇분이 있었는데 쭉 파놓은 전호에 약 200명 가량 죽어 있었다고 합니다.

"강화특공대가 주민 430명을 살해했다면 그 후손들이 우리를 가만히 놔뒀겠어요? 강화도에서 사는 80대, 90대 노인들에게 물어보세요. 강화특공대가 사람을 죽였는지" 최씨는 "최중석 특공대장은 전쟁이 끝난후 감사원에 들어가 정년 때까지 했다고 합니다." "양민을 그렇게 많이 죽였다면 공무원 생활은 제대로 할 수 있었겠냐"는데의 답변을 하겠습니다.

최중석은 양민학살을 했다고 대구형무소에서 3개월을 복역했다고 합니다. 그때 윤재근 국회의원의 도움으로 석방됐고 1·4 후퇴 당시 낙오되어 들어온 채명신을 안전하게 후송한데 힘입어 감사원에 취직을 해서 정년까지 했다고 합니다. 기록에는 최중석 이름이 아니고 다른 이름으로 기재되어 일인 이명으로 생활했습니다.

"후손들이 가만히 놔두었겠어요"에 답변을 하겠습니다.

모두 어린 나이에 부모를 잃고 고아가 된 피해자들이 입도 벙긋 못하고 살아온 세월이 얼마입니까, 사회적 약자에 고아에다가 무슨 힘으로 말을 할 수 있었겠습니까?

김동환씨 "특공대가 민간인을 대량 학살했다. 특공대가 학살한 사람이 200~300명이 될 것이며 면 단위로 살해한 사람까지 합치면 이보다 더 많을 것이라고" 「말」지에서 기자와 인터뷰할 때 죄없는 사람들도 많이 죽었겠지, 라고 했습니다. 그런데 최승범이 만난 자리에서는 "나는 그런 말을 한 적이 없다"는 것은 말이 안 됩니다.

윤석만의 아버지가 강화경찰서에 구금되어 있을 때 가족들이 밥을 해서 날랐다고 합니다. 경찰서에 구금한 사람들은 특공대가 51년 1월 18일 아침에 석모도로 후퇴하면서 다 죽였고 윤씨 가족들이 시신을 수습하려고 경찰서로 가보니 마당까지 핏물이 흘러 발이 파묻힐 정도였다고 합니다. 어림잡아 약 200명의 시신이 있었다는 증언을 했습니다.

6 · 25때 강화특공대가 유격전을 벌이며 강화도를 적으로부터 사수한 사실은 1994년 육군본부가 발행한 〈한국전쟁과 유격전〉과 2003년 국방부 군사편찬연구소가 출간한 〈한국전쟁의 유격전사〉에도 민간인을 학살했다는 내용은 일절 없다에 대해 답변을 하겠습니다.

2008년 국가기관인 진실화해위에서 결정난 것도 부정하는 그들이 민간인 학살을 했다는 말을 했겠습니까? 저는 어머니와 할머니, 한 살 남동생을 그들에게 잃은 산 증인입니다. 진실위의 결정된 사람들은 모두 그 당시 소년단에서 일했던 사람들이 증언한 것입니다.

(A씨는 서영선을 말함) "먼저 A씨의 생후 8개월된 동생은 1950. 1. 15일 생이나 생후 8개월째라면 1950. 9월 15일이다. 이때는 강화특공대가 창설되기 전이다. 또 A씨의 어머니라는 사람은 1914년 생인데 관련자료에는 1953년에 사망한 것으로 되어있다. A씨의 할머니도 특공대 두 사람이 고개마루터기에서 학살했다고 적었다"에 대한 답변을 하겠습니다.

저는 어디에도 제 남동생이 8개월이었다는 말은 한 적이 없고 어머니와 동시 희생 되었는데 그때의 정황을 보탬도 없고 빼지도 않고 말씀드리겠습니다.

우리 동네 밑에 골목에 사는 특공대 정보부장 신택균과 다른 두 명이 복면을 하고 집에 들어와 사방을 뒤지더니 마루에서 아기를 업고 있는 어머니에게 "당신, 나와" 하니까 어머니가 "네, 나요" 하면서 동저고리 바람에 아기를 업은 채 고무신을 신고 끌려갔습니다. 나는 어머니의 뒷모습을 하염없이 바라보며 길에 나갔으나 특공대의 들어가라는 욕설을 듣고 무서워서 "엄마" 라고 불러보지도 못하고 들어왔습니다. 지금도 자다 깨면 그때의 영상이 지워지지 않습니다. 저는 밤잠도 제대로 이루지 못하는 불면증 환자가 되어 심한 날은 수면제 없이는 잠을 이룰 수 없습니다.

아기를 업고 끌려간 시간은 저녁 6시경이었고 얼마 후 아기를 도로 데리고 특공대 한 사람이 왔습니다. 아기와 우리는 멀건 쌀물을 끓여 마시곤 하였는데 아기에게는 물도 먹인 생각이 안 납니다. 그러던 며칠 후 아기를 신택균이가 엄마에게 데려다주라고 하여 내가 업고 신택균과 강화경찰서에 가서 아기만 데리고 들어갔고 저는 집으로 돌아왔습니다. 우리 형제들 5남매(1살 남동생을 경찰서에 데려다주었기에 그 위에 여동생 4살, 6살, 9살, 제가 12살, 언니가 14살이었습니다.)는 엄마가 없는 집에 살수가 없어 30리 떨어진 내가면 외포리 큰집에 갔습니다.

큰어머니는 할머니에게 이 아이들 내일 읍에 있는 집에 데려다주라고 하여 할머니와 4자매(여자애들)남동생은 두고 가라 하였습니다. 할머니와 우리는 큰 집에서 나와 고비동네로 들어가는 초입에서 특공대 세 명에게 잡혀 할머니는 두 명이 큰집 동네로 가고 저희들은 내가 지서에 끌려가 하루 종일 시멘트 바닥에 앉아 있다가 저녁 6시경에 붙들어온 사람, 아주머니, 아저씨 약 30명과 함께 외포리 석모도 가는 선착장으로 가서 쭉 줄을 지어서서 배를 기다리고 있었는데 배표 파는 아저씨 아들 정은채 씨가 나와서 "너희들 여기 왜 있니"고 하였습니다. 그 분은 특공대와 같이 일하는 소년단이었고 우리 부친이 교장으로 계실 때 학생인 저와는 약 4년 선배가 되는 사람이었습니다. 그 오빠는 "그럼 알기만 해요" 하는 순간 그의 부친 배표 파는 아저씨가 "너희들 빨리 들어오너라" 하여 우리 4자매만 살아 돌아왔고 할머니는 소개고개에서 특공대에게 학살되었습니다. 그날이 공교롭게도 특공대가 석모도로 후퇴하는 1월 18일 아침이었습니다. 할머니는 처형자 명부에도 기재되어 있습니다.

제가 20대 때 강화군 내가면 본적지에 갔습니다. 마침 제 동창이 면서기로 근무하고 있었는데 내가 "우리 엄마 사망신고도 못했는데" 하니까 "그럼 내가 해줄게" 하더니 어머니는 1953년 사망, 제 동생은 1956년으로 사망신고가 되었습니다. 2008년 진실위의 결정문을 받고 저는 인천법원에서 어머니와 남동생 호적 정정신고를 하여 판결을 받아서 1951년 1월 6일에 사망신고가 되었습니다. 할머니는 51년 1월 18일 아침 시간이 사망일입니다.

최중석이 전투에서 배속에 파편이 20개 들어서 평생 살았다고 하는데 이건 허위입니다. 그런 기록은 어디에도 없고 파편이 들어 있었다면 이렇게 의술이 발달된 이 세상에 어찌 그냥 살았단 말입니까? 김동환이 말하기는 최중석은 경찰서 본부에서 지시만 하고 현장에는 안 나갔다고 합니다.

그 당시 중공군과의 전투도 없었고 특히 강화도는 어느 인민군과도 전투가 없었고 폭격도 없었는데 파편이 배속에 들어갔다면 어찌 88세에 자연사를 했단 말입니까? 의정부 지청 보훈처의 심사는 엉터리였습니다. 돌머루와 당산 전투라고 하지만 인공시절 부역(땅만 파는 정도)했다는 사람들이 배를 이용해 고향으로 들어온 사람들이었습니다. 5분 만에 끝나고 시신은 갯벌에 널려 있었다는 증언이 있었는데 훈련이 된 인민군 부대라면 어찌 5분 만에 끝날 수 있겠습니까? 집에서 공포에 떨고 있는 가족들만 죽여 놓고 사람을 한 사람도 죽인 적 없다. 이런 허위가 어디 있습니까?

죽은 자는 많고 죽인 자는 하나도 없습니다. 배로 해변에 들어오다 죽은 사람들은 몇 백을 헤아리지만 누가 죽였는지 알 길이 없습니다.

저는 첫번째 탄원서를 낼 때에 차마 이 말을 못했습니다.

엄마가 특공대에 끌려간 후 그들은 방에 돌멩이를 던지고, 기왓장을 마루에 던지고 하루는 두 명이 밤에 와서 언니에게 "네가 내 말을 잘 들으면 너희 엄마 살려줄게" 하면서 언니를 건너방으로 데리고 들어갔습니다. 잠시 후 나왔는데, 그 때는 몰랐는데 제가 성인이 되어 깨달았습니다. 두 놈이 들어와 언니를 겁탈하려 했던 것입니다.

남동생은 만 한 살이 되어 희생되고 어머니는 39세, 할머니는 77세였습니다. 1976년 강화사는 강화문화원 이현재 씨가 작성했습니다.

저는 그 분을 방문하여 이 강화사가 사실입니까, 고 물었습니다. 하니 그 분은 그 사람들 이야기만 듣고 적은 것이라 거짓말도 있겠지요, 하면서 그 부분을 복사해 주었습니다. 저는 12살에서 13살이었을 때의 기억은 점점 생생하게 떠오릅니다. 존경하는 재판장님 저의 한을 풀어주세요. 2005년 입법이 되었고 진화위의 결정 난 322명에 대해 강화군에서 위패를 새겨 길상면 온수리 산 20의 10번지에 아담한 위령 공간을 만들어 주었습니다. 이제 사법부가 우리에게 한을 풀어주실 차례입니다.

존경하는 재판장님 저희 유족들을 불쌍히 여기시어 현명한 판단을 내려 주시기를 간곡히 부탁드립니다. 그리고 저는 너무 분통이 터지고 암만 생각해도 아무 것도 안한 우리 어머니가 왜 죽어야 했는지를 생각할 때 나는 열이 나서 죽을 것만 같습니다. 나는 재판장님께 부탁 드립니다. 지금까지 65년이 흘렀지만 나는 우리 어머니의 죄명을 모릅니다. 유명하신 재판장님은 아시겠지요. 저의 어머니 죄명을 가르쳐 주십시오. 인명을 경시하며 1,000명을 더 죽여 놓고 한 사람도 죽인 적 없다 합니다. 하늘이 알고 땅이 다 압니다.

2012. 10. 31

원고 徐玲善

진실화해위원회 5년을 말한다

진실화해위원회 5년을 말한다

진실화해위원회 5년을 말하려 하니 나의 개인사를 안 쓸 수가 없다.

저의 부모님, 특히 아버지는 1950년까지 대한민국 장학사로 교육청에 근무하셨고 어머니는 명문인 개성 호수돈여고를 졸업하신 재원이셨다. 9 · 28이 되고 1951년 1 · 4 후퇴가 되니 경찰의 사주를 받은 반공단체들이 난립하였다. 부역자 가족이라는 이유로 어머니와 할머니, 한 살 짜리 남동생까지도 무참히 학살 당하였다.

우리 유족들은 온몸에 한을 안고 잠재된 의식에서 깨어나 투쟁에 돌입하던 중, 2000년 뜻있는 교수님과 변호사분이 한국전쟁전후범국민위원회를 설립하여 유족단체를 통합하고 그리고 시민단체와 함께 삼위일체가 되어 투쟁에 혼신을 다하였다. 마침내 2005년 특별법이 제정되고 2005년 12월에 진실화해위원회가 탄생하였다.

그간의 유족들은 여의도 구 한나라 당사 앞에서 주야로 풍찬노숙을 마다 않고 여의도 칼바람을 이겨내며 법을 쟁취하였지만 미흡한 법이어서 흡족하지는 않았지만 그래도 조사할 수 있는 단초가 마련되어 지친 유족들은 기뻐하였다. 진화위 한 관계자는 민간인 학살 백만이라고 하는데 30만도 안 된다는 말을 하였다. 유족들은 입은 있으나 말도 못하고 귀가 있으나 못 들은 척 움츠리고 살아왔고 과거의 상처를 떠올리기 싫고 50여년을 핍박받았는데 또 무슨 피해나 있지 않을까 겁을 내었고, 어느 지역에서는 한 살의 어린 아기까지 모드 학살하여 유족이 없는 경우도 허다하였다.

이런 상황에서 신청자가 다 나올 수도 없었고 진실화해위의 홍보도 부족하였다. 그러나 조사관들의 노고로 전수자와 가해자의 증언으로 피학살자를 찾아내었다. 혹 어떤 경우는 진실화해위원회를 업고 가해자 처벌이 없는 법을 이용하여 모르쇠로 일관하면서 거짓 증언만 하는 경우도 있었다. 우리는 진정한 진실과 화해를 할 수가 없었다. 5년간 수고 많았던 조사관님들, 정들은 직원들과 헤어질 생각을 하니 아쉬움만 남을 뿐이다.

진실화해위원회는 억압과 핍박 속에서 살아온 유족들이 목소리를 낼 수 있게 하였고 억울한 영령 제단에 술잔을 올릴 수 있게 하였다는 것은 누구도 부정할 수 없을 것이다. 그러나 후속조치(추모공원이나 위령사업, 유골 발굴, 미신청자의 신청)를 할 수 있는 재단을 설립할 수 있는 아무런 토대도 마련하지 못하고 해산에 돌입하였다.

더구나 보수정권이 들어서면서 일부 가해자들은 명예회복을 해 달라는 명목으로 각 기관에 청원서를 내고 언론에 보도하면서 반발을 하였다. 과거의 잘못은 명명 백백 밝혀져야 하고 법에 의한 국가기관인 과거사정리위원회가 밝혀냈음에도 인정하지 않고 망발을 일삼았다.

과거가 없는 현재가 없으며 과거를 청산하지 않으면 미래도 없는 것이다. 진실화해위원회는 근현대사에서 과거사와 관련된 진실을 밝혀내는 데 중요성을 부각시키기도 하였지만 덮혔던 진실을 표면화시키고 계속적인 진실을 밝혀내는 기관으로 발전되지 못하였다. 빨갱이라는 편협한 생각을 갖고 있는 국민 정서도 바꾸어 놓지 못하고 오히려 결정난 사건도 왜곡된 역사관을 갖고 망발도 서슴지 않았다.

2009년 4월 28일과 5월 14일, 두 번에 걸친 진실규명 이후 화해 위령사업 및 재단설립 방안을 주제로 심포지엄을 개최한 바가 있었다. 지난 12월 1일 전국 피학살자 추모제를 백범기념관에서 열었다. 5년간의 업적에 우리 유족들은 대통령 사과를 고 노무현 대통령이 울산보도연맹 위령제에서 했던 사과의 수준을 원했다. 그러나 총리가 온다고 하다가 행안부 장관이 온다고 하였다. 우리 유족들은 행안부 장관이 와도 대통령의 사과문을 갖고 대독을 한다면 기꺼이 동참할 수 있었지만 그렇지 못했다. 겨우 유족들에게 심심한 위로를 보낸다고 하는 관행으로 하는 추도사를 했을 뿐이었다.

진실화해라는 단어가 전혀 반영되지도 못하였고 진실을 밝히고 화해라는 단어를 유족들에게 안겨 주지를 못하였다. 진실화해위원회는 미완으로 끝나는 것인가, 하지만 많은 피학살자들을 찾아내었고 그들이 명예회복 된것에 대해서는 감사한 마음을 드린다.

| 추천사 |

맹렬한 투사이면서 진솔한 시인이다

이 이 화 | 역사학자

여기 피눈물로 쓴 글이 있다

강 정 구 | 전 동국대 사회학과 교수

| 추천사 |

맹렬한 투사이면서 진솔한 시인이다

이이화 | 역사학자

나와 서영선선생이 만나게 된 계기는 현장이었다. "현장"이란 표현이 무슨 뜻인지 얼른 짐작이 가지 않을 것이다. 자, 한 번 읽어 보시오.

여의도의 겨울바람이 얼마나 센지 그곳에 서있어 본 적이 없는 분들은 실감이 나지 않을 것이다. 우리는 왜 매서운 칼바람을 맞으면서 이리 뛰고 저리 뛰었던가. 박근혜 한나라당 대표는 한국전쟁 시기 민간인 학살자 진상규명과 명예 회복을 위한 특별법을 이 핑계, 저 핑계를 대면서 국회통과를 방해하고 있을 때이다. 우리는 이에 항의해 여의도 한나라당사 언저리를 맴돌았던 것이다.

그럴 적에 한 번도 집회에 빠지지 않고 나오는 몇몇 여인들이 있어서 나는 '여걸 삼총사' 불렀다. 나는 이들 삼총사와 대화도 자주 나누었고 맥주잔을 기울이기도 하였다. 고통스러웠던 신세타령만이 아니라 재미있는 농담도 자주하였다. 그들 속에 서영선선생이 언제나 끼어 있었다. 오래 동안 만나서 얘기를 듣다보니 서영선선생이 섬세한 시인이요 문필가라는 걸 알았다.

또 다른 두 분이 있었다. 유춘도와 채의진이다. 유춘도선생은 한국전쟁 시기 서울여자의과대학할 때 인민군 군의관으로 징발되어 인민군을 치료하다가 고향으로 돌아와 의사로서 사회봉사를 하였다. 그러면서 평화운동과 민간인 희생자들의 인권 보호에 나섰다가 서울 남영동 치안국 대공분실 건물에서 모진 신문을 받다가 작고하였다. 시인으로 시집도 몇 권 냈다. 채의진선생은 어린 나이에 문경 석달마을 양민학살 때 살아남아 모진 고생을 하다가 영어교사가 되어 교육자의 길로 나섰다. 하지만 그 악몽을 잊을 수 없어 희생자 명예회복운동이 나섰고 서각가로서 예술적 삶을 살고 있다. 지금 밥을 먹지 못할 지경으로 사경을 헤매고 있다. 어느 인사는 성향이 비슷한 이 세 분을 또 3인방이라 부르기도 한다.

그런데 지금 서영선선생도 건강이 좋지 않다고 한다. 그 동안 의지로 버텨왔지만 이제 그 한계의 연령에 이르렀을 것이다. 다시 말을 돌려보자. 서영선선생은 한국전쟁 시기 어린 나이로 부모를 잃고 언니와 함께 소녀가장이 되었다. 동생들을 이끌면서 고학생활을 한 끝에 결혼도 하고 늦은 나이에 방송통신대학을 졸업하기도 하면서 시인으로 등단하였다. 이만하면 의지가 넘치지 않는가? 앞에서 말한 대로 한국전쟁시기 무고한 양민희생자의 명예회복을 위한 운동에 누구보다도 열성적으로 참여하였고 끝내 그 특별법 제정을 관철하였다. 또 그녀의 열성으로 강화도에서 무고하게 죽은 피학살자의 명예회복을 위한 법원의 판결을 받아냈다.

이런 서영선선생의 의지를 헤아려 보면 옷깃을 여미게 된다.

사람들은 늙어지면 나이를 굳이 따질 것 없이 갈 사람은 가는 게 자연의 섭리일 것이다. 서영선선생은 나에게 전화를 하여 이게 마지막 책이요 글이라고 말하더라. 그럴까, 그게 맞는 말일까? 맞지 않기를 바란다. 왜? 서러운 인생이라도 우리 오래 살면서 저 반동들의 행태를 지켜봅시다. 그들은 그렇게 떵떵 거리면서 천년만년 오래오래 사는 지를 지켜봅시다. 그러니 검은 구름이 걷히고 밝은 달을 완상하는 그런 때가 올 때까지라도 살아 봅시다. 거듭 말하면 이 책은 회고록도 아니요 글 모음도 아니요 시집도 아닌 것 같다. 한데 여기에는 고난에 찬 사람의 얘기가 진솔하게 담겨 있다. 이런 얘기를 늘어놓으면서 이 책의 출간을 소박한 마음을 담아 축하합니다.

2016년 봄 암흑 속에서 한 줄기 빛을 바라보면서 임진강 가의 헤이리마을에서

| 추천사 |

여기 피눈물로 쓴 글이 있다

강정구 | 전 동국대 사회학과 교수

〈I〉

여기 전쟁의 야만이 펼치는 광란의 현장이 있다.

여기 전쟁의 광기 속에 민간인 학살이라는 비극의 현장이 있다.

여기 미국과 이승만 그리고 박정희가 벌이는 반인륜의 현장이 있다.

여기 피눈물로 쓴 글이 있다.

여기 분노와 절규의 글이 있다.

여기 우리들 고난의 현장, 반인륜적인 현장 곳곳을 자신의 현장처럼 드나든 글이 있다.

여기 역사적 진실, 사회 정의, 인간의 얼굴을 가진 세상을 향한 실천현장이 있다.

여기 무엇보다 이 땅의 평화와 역사바로세우기를 위한 굳건한 발자국이 있다.

이 글들이 어찌 서영선 선생님 혼자만의, 또 강화도만의 이야기이겠나?

역사바로세우기와 평화세상 만들기의 역정歷程이 어찌 선생님 혼자만의 일이겠나?

〈II〉

동서고금을 막론하고 사람의 목숨보다 더 귀중한 것은 없다. "무엇이든지 주고, 무슨 일이든지 할 테니까 제발 목숨만 살려주세요"라고 애원하는 게 막바지에 도달한 모든 사람의 한결같은 외침일 것이다. 그래서 모든 인간사회에서는 남의 목숨을 앗아가는 살인행위는 가장 흉악한 반인륜적 범죄로 분류되고 그 형벌 또한 가장 가혹하다.

그런데 이들 목숨을 아주 짧은 시간 내에 수십만 수천만 아니 수억까지도 무더기로 앗아가는 게 바로 전쟁이다. 이래서 전쟁이야말로 가장 반인륜적인 죄악이다. 역으로 전쟁을 막고 평화를 보장 받아 자신들의 목숨을 명命대로 살아갈 수 있는 조건을 부여받을 권리, 곧 평화생명권이야말로 가장 핵심적인 인권이다.

그렇지만 현실은 어떤가? 가장 선진국이고 모범이라고 알려져 왔던 미국이라는 제국이야말로 이런 반인륜적 범죄행위를 가장 많이 저지르고 있다. 또 전쟁무기를 가장 많이 생산하고, 수출하고, 써먹고 있으며 평화를 파괴하는 군사비를 세계에서 가장 많이 소진하고 있다. 그러면서도 겉으로는 평화를 뇌까린다.

개인이나 소규모의 살인행위는 법의 심판아래 단죄가 된다. 그러나 전쟁을 통한 무더기 살인행위는 패권국가의 고유권한으로 원천적인 면죄부를 받게 된다. 이게 21세기 인권의 세기라고 일컫는 오늘의 세계 역사이고 문명사회라고 일컫는 21세기 지구촌의 현실이다.

여기 서영선 선생님의 피맺힌 한과 절규도 바로 미·소 냉전을 틈타 우리 조국을 두 동강내고 전쟁이 일어날 수밖에 없는 구조를 창출한 주역인 미국에 궁극적으로 귀착된다. 65여 년 전의 그 비극이 종결되기는커녕 지금까지 여러 가지 다른 모습으로 이어지고 있다.

2016년을 맞은 작금의 한반도에는 미국과 중국 사이 신냉전이 더욱 기승을 부리고 있다. 70년 전과 같이 미국은 북한을 빌미로 삼아 우리 땅 한반도를 또다시 미국의 신냉전전략아래 위험천만한 곳으로 내몰고 있다.

이를 두고 굳이 왕이王毅 중국 외교부장의 직격탄인 '항장무검 의

재패공' 項莊舞劍, 意在沛公*을 굳이 들먹이지 않더라도 다 아는 사실이다. 단지 대통령이란 자만 모르고 있을 따름이다. 아니 더욱 미국의 등에 올라타 덩달아 내달리고 있다.

우리 모두 제2의 서영선으로 거듭나 평화만들기와 역사바로세우기에 발 벗고 나서야 하지 않을까?

* '항우의 부하인 항장이 칼춤을 춘 뜻은 바로 패공인 유방을 겨누고 있다' 는 진(秦)나라 말기 천하패권을 놓고 건곤일척의 승부를 펼쳤던 한고조 유방과 초패왕 항우의 고사.